Éduquer sans punir

Dr Thomas Gordon

Éduquer sans punir

Apprendre l'autodiscipline aux enfants

Traduit de l'américain
par Louise Drolet
et adapté par Jacques Lalanne

Marabout

Préface

Dans ce livre, Thomas Gordon, s'appuyant sur de nombreuses recherches, démontre l'inefficacité de la discipline imposée pour développer l'autonomie chez l'enfant.

La discipline imposée obtient des résultats immédiats grâce à la peur, la soumission et la dépendance. Difficile de former ainsi des adultes courageux, créatifs et autonomes dans leur vie personnelle, sociale et professionnelle !

Quand on veut « obtenir » un comportement ou une attitude d'un enfant, on a deux moyens d'y parvenir : le forcer ou l'influencer. Le motiver demande plus de communication, d'écoute, d'authenticité, de confiance et de soutien.

Ces éléments sont indispensables pour aider l'enfant à construire une solide estime de soi, élément clé d'une personnalité accomplie et d'une vie réussie.

Utilisant l'approche de Thomas Gordon depuis 1972, j'ai constaté que les principes énoncés dans ses livres et les procédés enseignés dans ses formations amélioraient considérablement la qualité de relations entre les adultes et les enfants grâce à leur simplicité, leur authenticité et leur efficacité.

Cette approche claire et pratique propose cinq procédés fondés sur la psychologie de la communication. Quand on veut favoriser un comportement constructif chez un enfant, on peut :

- clarifier notre perception avec la fenêtre d'acceptation ;
- améliorer notre compréhension avec l'écoute active ;
- nous affirmer plus clairement avec le message « je » ;
- exclure le rapport de force avec la méthode de résolution de conflit sans perdant ;
- créer un vrai climat de reconnaissance avec le message d'appréciation.

Ces moyens éprouvés permettent de développer chez les enfants la motivation à réaliser leur potentiel. Les enfants peuvent apprendre à développer leur confiance en soi, leur autonomie, leur responsabilité, leur sentiment d'appartenance et choisir plus librement leurs valeurs.

En utilisant les procédés décrits dans ce livre, vous contribuerez à établir des relations fondées sur le respect mutuel et à développer l'être autant que le savoir.

Jacques Lalanne
Responsable des formations
Parents efficaces, Enseignants efficaces
et *Jeunes efficaces* au Québec

La discipline : une idée controversée

La discipline est encore et toujours une question très actuelle. Il est clair que la discipline est devenue une question politique, juridique, éducative, religieuse et familiale qui divise fortement les parents, les enseignants, les moniteurs, les administrateurs scolaires et les autres personnes qui s'occupent des enfants.

Les étagères des librairies regorgent d'ouvrages destinés aux parents. De nombreux articles de journaux et de magazines y sont consacrés.

La question de la discipline entraîne un conflit intérieur chez la plupart des parents qui sont partagés entre la sévérité et la tolérance. Une mère affirme : « J'ai été sévère avec mon premier enfant et cela n'a pas marché. Aussi ai-je opté pour la tolérance avec le second. » Un autre parent reconnaît : « Je ne veux pas être aussi strict et autoritaire que mes parents. Mais j'emploie contre mon gré les mêmes méthodes, les mêmes *mots* qu'eux et je me déteste. »

De nombreux enseignants sont aux prises avec le même dilemme. Ils veulent être chaleureux, aimables et tolérants et se voient devenir le maître traditionnel, sévère et autoritaire que chacun de nous a connu à un moment ou à un autre de ses années d'école.

Devant le problème de la violence dans les écoles, on souligne la nécessité de renforcer la discipline ; on plaide en faveur d'une « autorité » accrue dans la façon dont enseignants et directeurs règlent les problèmes de comportement.

Certains psychologues affirment qu'il est inefficace et même nuisible d'imposer une discipline stricte et punitive aux enfants et aux jeunes.

> Si elles ne s'accompagnent pas d'efforts importants visant à faire participer l'élève et à l'aider, les politiques restrictives entraînent inévitablement une *dégradation* de la discipline et même la violence ou encore l'expulsion des élèves qui ont le plus besoin d'attention et la méritent le plus. (Cordes, 1984)

Les écoles de qualité se caractérisent par la coopération entre enseignants et élèves, et entre parents et enseignants ; la prise de décisions selon un mode démocratique ; des méthodes visant à inculquer aux élèves un sentiment d'appartenance et de propriété ; des règles destinées à promouvoir l'autodiscipline plutôt qu'une dépendance envers les règlements des adultes ; un programme et un enseignement stimulants et intéressants ; la capacité des élèves et du personnel de régler leurs problèmes personnels ; des installations et des structures hiérarchiques aptes à renforcer cette approche.

> Bien que les enseignants soient victimes de violence, l'attitude punitive à l'égard des enfants représente davantage une cause qu'une solution à la mauvaise tenue des élèves. (Cordes, 1984)

Le célèbre psychologue behavioriste B. F. Skinner écrit :

> Les groupes fondamentalistes qui protestent contre le projet de loi visant à abolir les châtiments corporels dans les écoles californiennes faussent la lettre du projet de loi en prétendant qu'il risque d'empêcher la prévention de la

violence dans les écoles. Cette idée n'a, bien sûr, aucun fondement.

Qu'elles soient administrées par la police, par les enseignants, ou par les parents, les punitions produisent toujours les mêmes effets :

1. fuite (absence) ;
2. contre-attaque (vandalisme et agression) ;
3. apathie (ce projet de loi encouragerait les enseignants à chercher des façons plus efficaces d'encadrer leurs élèves). (Skinner, 1987)

Seulement huit États américains ont promulgué des lois interdisant l'emploi de châtiments corporels dans les écoles : Californie, Hawaii, Maine, Massachusetts, New Hampshire, New York, Rhode Island et Vermont.

Il y a belle lurette que les Suédois ont banni les châtiments corporels des écoles. Ce débat sur la discipline a alors fait l'objet de fougueuses discussions, lorsque le Parlement a adopté un projet de loi visant à interdire aux parents non seulement d'administrer des punitions corporelles aux enfants, mais également de les insulter ou de leur infliger tout traitement susceptible de les plonger dans la détresse. Le projet de loi a été adopté malgré une forte opposition.

En Chine, les professeurs qui lèvent la main sur les élèves sont passibles de châtiment. À Singapour, les directeurs et certains professeurs peuvent frapper les garçons de plus de dix ans qui ont commis une faute grave, mais on épargne les filles. Les Japonais ont interdit les châtiments corporels après la Seconde Guerre mondiale, mais ils outrepassent souvent la loi en invoquant le peu de rigueur de leurs punitions. En Turquie, il y a le dicton : « Là où frappe le professeur, une rose fleurit. » En Amérique latine, où les châtiments corporels sont officiellement interdits, on utilise encore la lanière de cuir dans certaines régions rurales. Au

Kenya, les punitions corporelles sont permises, mais seul le directeur de l'école peut les administrer en présence de témoins et elles doivent être décrites en détail dans un « livre des punitions », mentionnant même le nombre de coups de bâton ; en outre, elles ne s'appliquent qu'aux infractions exceptionnelles comme le mensonge, la brutalité et l'ivresse. En Belgique, le professeur qui frappe ses élèves est passible d'emprisonnement. En Thaïlande, toute punition doit être infligée avec un bâton dont le diamètre n'excède pas deux centimètres.

La Pologne a aboli les châtiments corporels dans ses écoles en 1783 ! La plupart des pays industrialisés ont adopté des lois qui interdisent les châtiments corporels dans les écoles. Mentionnons entre autres l'Autriche, la Belgique, Chypre, le Danemark, l'Équateur, la Finlande, le Luxembourg, Maurice, les Pays-Bas, la Norvège, le Portugal, le Qatar, la Roumanie, l'Espagne, la Suède, la Suisse, la Turquie et l'URSS (Bacon et Hyman, 1976).

Il semble que ce sont les pays qui ont déjà été sous la tutelle de l'empire britannique qui tolèrent encore les punitions corporelles dans leurs écoles, par exemple l'Écosse, les États-Unis, l'Afrique du Sud, l'Australie, le Canada, les Bermudes.

L'article 43, chapitre C-46, Partie I du code criminel canadien affirme que : « Tout instituteur, père ou mère, ou toute personne qui remplace le père ou la mère, est fondé à employer la force pour corriger un élève ou un enfant, selon le cas, confié à ses soins, pourvu que la force ne dépasse pas la mesure raisonnable. »

Les articles 445 et 446 du même code décrivent sur une page et demie toutes les formes de mauvais traitements envers les animaux qui sont interdites, notamment de causer une souffrance sans nécessité !

En Angleterre, en 2000, un projet de loi visant à enlever aux parents et aux enseignants le droit de punir physiquement les enfants a été renversé, surtout à la suite des pressions des parents qui envoient leurs enfants dans des écoles privées, et des enseignants et des directeurs de ces mêmes écoles.

Plusieurs groupements religieux traditionalistes s'opposent fortement aux mouvements en faveur des droits des enfants. Ils condamnent l'éducation sexuelle, la liberté d'expression, la musique rock. Ils voient la liberté sexuelle des adolescents comme des symboles de l'échec des parents à imposer leur « autorité ». Ils affirment que les parents ont le devoir de discipliner leurs enfants.

La discipline fait l'objet d'importantes discussions chez les professionnels de la santé. Un médecin a publié une étude intitulée *Le Syndrome de l'enfant battu* (Kempe *et al.*, 1962). On a depuis adopté des lois obligeant les médecins et les hôpitaux à signaler tous les cas de violence à des organismes de protection de l'enfance. À l'heure actuelle, plusieurs pays obligent quiconque est témoin d'actes violents envers des enfants à le signaler. Plusieurs centres de recherche et d'intervention ont été créés afin d'accroître et de répandre les connaissances sur les causes de la violence faite aux enfants et d'élaborer des méthodes de prévention.

J'ai touché de près cette question lorsque je siégeais au conseil consultatif de prévention de la violence faite aux enfants. On m'avait alors demandé d'écrire une brochure. Je l'ai intitulée *Ce que tout parent devrait savoir*. J'y ai proposé aux parents une douzaine de solutions de rechange aux punitions. J'y décrivais les moyens de cultiver l'autodiscipline que nous enseignons dans la formation *Parents efficaces* (Gordon, 1977). C'est pendant mon mandat au sein de cet organisme que je pris douloureusement conscience du nombre et de la fréquence des agressions dont les enfants sont victimes.

Puis, un groupe de sociologues a publié un ouvrage qui présentait les résultats de huit années d'entrevues et de recherche sur toutes les sortes de violence familiale.

Ce livre retrace les origines de la violence familiale et présente les résultats d'une enquête menée auprès de 2 143 parents de toutes les couches sociales (Straus, Gelles et Steinmetz, 1980).

Parmi les surprenantes découvertes, mentionnons :

- 70 % des personnes interrogées jugent « nécessaire » de gifler un enfant de 12 ans ou de lui administrer une fessée.
- 73 % ont admis avoir utilisé une certaine forme de violence physique comme donner des coups de poing ou de pied, battre, mordre, frapper avec un objet dur, à l'endroit de leurs enfants à un moment donné de leur vie.
- Les mères qui frappent leurs enfants le font 7 fois par année en moyenne.
- 86 % des enfants de 3 ans ont subi une certaine forme de violence parentale ; 82 % des enfants de 5 ans, 54 % des enfants de 10 à 14 ans et 33 % des adolescents entre 15 et 17 ans.

Un sondage réalisé au Canada en 2001 révèle que 50 % des parents admettent avoir donné des corrections légères à leurs enfants et 6 % des corrections douloureuses. Les parents de 45 ans et plus emploient trois fois plus de corrections physiques que ceux de moins de 45 ans. Il y a 80 % des parents qui s'opposent à ce que la loi canadienne change pour interdire les châtiments corporels. (Parent, 2001)

Les chercheurs ont également découvert qu'une grande proportion des mauvais traitements infligés aux enfants était beaucoup plus grave qu'une simple « tape sur le derrière ».

- 2 % ont déjà reçu des coups de pied, ont été mordus ou frappés par un parent à un certain moment de leur vie.
- 1 % ont reçu une raclée au cours de leur croissance.

On a découvert qu'un enfant pouvait être maltraité par ses parents aussi souvent qu'une fois par mois. Pour nombre d'enfants, la violence est une condition chronique et non pas une expérience rare.

Les adultes croient encore que « c'est bon pour les remettre à leur place » et « qu'une petite fessée n'a jamais fait de mal à personne ».

Bien que nous soyons obsédés par l'idée que les enfants ont besoin de discipline, certains parents avouent être partagés à cet égard. Une de mes premières participantes avoua : « Je suis tolérante avec mes enfants jusqu'au moment où je ne peux plus les supporter. Je deviens alors tellement autoritaire que je ne me supporte plus moi-même. »

Un sondage réalisé en Angleterre en 2002 révèle que 79 % des parents qui donnent des fessées à leurs enfants le regrettent ensuite. (Mori, 2002)

Combien d'entre nous se rappellent avoir été frappés par un parent qui exprimait son sentiment de culpabilité en disant : « Cela me fait plus de mal qu'à toi » ? Je crois qu'au fond, bien des parents détestent maltraiter leurs enfants. Personne n'aime vraiment s'acharner sur un plus petit que soi.

Très conscients de la forte inclination des parents à employer les châtiments corporels, des chercheurs plaident passionnément en faveur de leur abolition :

> Bien que la majorité des parents considèrent les châtiments physiques comme nécessaires et bénéfiques et que nombre d'entre eux s'accrochent à l'idée que la fessée est

> bonne pour les enfants, nous devons réduire, puis éliminer l'emploi des sanctions physiques et inventer de nouvelles façons d'éduquer les enfants. Il est possible d'élever des enfants en santé, heureux et sages sans employer la violence. (Straus, Gelles et Steinmetz, 1980)

Cependant, certains psychologues ne sont pas d'accord avec ce point de vue. La règle d'or pour tout parent qui désire demeurer sain d'esprit, c'est d'obtenir et de garder le contrôle. Il faut dominer un enfant avant de le soutenir et de l'aimer vraiment. (Wright, 1980)

Suite à la lecture de cet ouvrage, j'ai pensé : pourquoi un éminent psychologue conseille-t-il aux parents de discipliner et de dominer leurs enfants avant de les aimer ? Cela me poussa à entreprendre une étude approfondie de la discipline et à partager mes découvertes avec les parents et les enseignants.

Dès lors, je me mis à dévorer tous les ouvrages prônant le pouvoir-aux-parents et la discipline-à-tout-prix et à fouiller les publications de psychologie ; tous les rapports d'études publiés sur la discipline, les punitions, le pouvoir, les styles d'éducation parentale, et ainsi de suite.

Ce livre représente l'aboutissement de mes recherches. Dans la première partie, j'y discute de la discipline en profondeur. Ainsi, j'ai découvert qu'il existe plusieurs types de discipline assez différents, certains bons, d'autres mauvais. Je me suis rendu compte que la plupart des gens associaient la discipline à l'emploi de récompenses et de punitions comme on procède avec les animaux. J'ai compris pourquoi les récompenses étaient inefficaces avec les enfants plus âgés et pourquoi une punition doit être sévère pour être efficace. La plupart du temps, je suis tombé sur des réflexions plutôt confuses parce que les ouvrages sur la discipline ne reconnaissent pas qu'il existe plusieurs sortes – très différentes – d'« autorité », certaines bénignes et d'autres nocives. Je me suis rendu compte que les punitions, surtout si elles sont légères, sont parfois gratifiantes pour l'enfant tandis que les récompenses peuvent être ressenties comme des punitions. J'ai découvert que la punition n'est pas un *remède* à l'agressivité de l'enfant qui frappe son petit frère, mais habituellement la *cause* de cette agressivité.

Je présente ici de nombreuses méthodes non violentes efficaces, applicables à la maison et à l'école. Elles augmenteront nettement votre efficacité globale face aux comportements inacceptables des jeunes. Elles remplaceront la discipline imposée par les adultes par une autodiscipline. Elles aboliront la domination exercée par les adultes et développeront la maîtrise de soi chez les enfants. Enfin, elles favoriseront l'établissement coopératif de règles et apporteront des solutions sans perdant ou gagnant-gagnant aux conflits courants.

Au cours de mes recherches sur la discipline, j'ai constaté qu'en société, nous employons des stratégies inefficaces pour réduire les comportements autodestructeurs et inacceptables des jeunes : alcoolisme, tabagisme, toxicomanie, délinquance, abandon des études, conduite en état d'ébriété, vandalisme et autres formes de violence, grossesses précoces, viol, suicide. La fréquence croissante de ces comportements prouve sans nul doute que nos méthodes disciplinaires traditionnelles, tant à la maison qu'à l'école, sont inefficaces. En fait, elles pourraient bien être davantage la cause de ces comportements que leur remède.

Les méthodes employées pour contrer ces graves problèmes visent à faire quelque chose à l'enfant. Ainsi, les méthodes que préfèrent systématiquement les parents, les autorités scolaires, la police, les tribunaux pour enfants et les programmes gouvernementaux visant à traiter l'alcoolisme, le tabagisme, la toxicomanie et la conduite en état d'ébriété se concentrent sur l'enfant : cours destinés à éduquer et à effrayer les jeunes en leur montrant les dangers de leurs comportements destructeurs ; programmes visant à persuader les enfants de « dire non » ; lois augmentant la sévérité des punitions infligées aux jeunes ; programmes d'aide à la jeunesse ; programmes visant à persuader les parents de se montrer plus durs avec leurs enfants.

Plus je découvre les principales causes des comportements qui nuisent aux jeunes et affaiblissent notre société, plus je crois que notre plus grand espoir de prévention réside dans un autre type de stratégie. Il s'agit d'aider les adultes qui vivent ou travaillent avec les enfants à apprendre une nouvelle façon de diriger leur famille, leurs écoles et les organismes pour la jeunesse. Cette stratégie exigera d'eux une attitude moins autoritaire, moins permissive et plus démocratique.

Première partie
Comprendre la discipline

Chapitre premier

Différents types de discipline et d'autorité

À mon avis, lorsqu'on parle de discipline, on entraîne de nombreux malentendus. Je veux d'abord clarifier les termes les plus courants utilisés pour traiter de la discipline.

Le nom « discipline » et le verbe « discipliner »

Examinons d'abord la différence fondamentale qui existe entre « discipline » et « discipliner ». Le nom « discipline » désigne généralement un comportement et un ordre conformes à des règles ou préservés par un entraînement, par exemple la « discipline dans la classe » ou la « discipline d'une bonne équipe de basket-ball ».

Ce terme suscite rarement une controverse. En effet, tout le monde semble favoriser ce type de discipline synonyme de « ordre, organisation, coopération, savoir, respect des règles et des procédés et prise en considération des droits d'autrui ».

Le verbe « discipliner » signifie « donner le sens de l'ordre, du devoir, de l'obéissance à » et « régler en exerçant un contrôle sur, maîtriser, assujettir, soumettre ». Exemple : discipliner une classe.

Dans les discussions sur la discipline, on présume souvent que la seule façon d'imposer la discipline à la maison et à l'école consiste à *discipliner* les enfants, c'est-à-dire à les dominer, les corriger et les punir.

En fait, j'ai découvert que discipliner les enfants est peut-être la façon la moins efficace de faire régner la discipline à la maison et à l'école. Des études ont révélé qu'à l'école, la discipline s'évanouit dès que le professeur « disciplineur » quitte la classe ou se tourne pour écrire au tableau. Le scénario est le même à la maison ! De plus, comme la volonté de discipliner les enfants implique habituellement l'emploi du pouvoir sous forme de punitions ou de menaces, les enfants se défendent en se révoltant, en résistant, en se vengeant ou en mentant. Tous les moyens sont bons pour éviter d'être forcés, empêchés ou contraints.

Des recherches ont également démontré que les punitions rendent les enfants agressifs et violents. En effet, les enfants les plus fréquemment punis sont plus agressifs, hyperactifs et plus violents à l'égard de leurs camarades que les enfants peu ou pas punis à la maison.

Avec les mots « discipline » et « discipliner », on confond la façon de traiter les enfants (les moyens) et ce que nous voulons qu'ils fassent (le but). Si les parents et les enseignants souhaitent que les enfants soient ordonnés, coopératifs et prévenants tant à la maison qu'à l'école, ils ne s'entendent pas pour déterminer si les discipliner constitue le meilleur *moyen* de leur inculquer une discipline, ce qui est le *but* recherché par tous.

Enseigner ou contrôler

Éduquer consiste à entraîner, à former, à enseigner, à informer, à éclairer, à guider et à familiariser. La plupart d'entre nous considèrent qu'il est du devoir des parents et des enseignants d'offrir aux enfants ce type de formation, d'enseignement et de soutien.

Discipliner consiste à commander, à corriger, à diriger, à surveiller, à gérer, à réglementer, à imposer, à restreindre, à arrêter, à contraindre, à inhiber, à châtier, à réprimander, à blâmer, à critiquer et à punir.

La tension artérielle et la voix montent d'un cran quand on *commande, impose* et surtout quand on *punit.*

Je suis convaincu que cette forme de discipline est malsaine pour les enfants, mais je sais que la plupart des parents et des enseignants s'obstinent à l'appuyer. En fait, la plupart des ouvrages destinés aux parents soutiennent que les enfants non seulement en ont besoin mais la souhaitent. Plusieurs auteurs affirment que les enfants souffriront d'insécurité sans ce contrôle, croiront que vous ne les aimez pas ou se changeront en petits monstres. Je réfuterai une à une ces croyances populaires dans les prochains chapitres.

Influencer ou dominer

Distinguons d'abord la discipline instructive qui s'efforce d'*influencer* les enfants et la discipline restrictive, qui cherche à les *dominer.*

La différence entre *dominer* les enfants et les *influencer* est cruciale. Il va de soi que les parents et les enseignants souhaitent influencer les jeunes afin d'exercer un effet bénéfique sur leur vie. Mais dans leur zèle, la plupart d'entre eux tombent dans un piège : plutôt que d'employer des méthodes aptes à influencer les enfants, ils imposent des limites, donnent des ordres, punissent ou menacent de le faire. Ces méthodes restrictives n'ont aucune influence sur les jeunes et ne font que les contraindre. Lorsqu'un enfant est forcé de faire quelque chose, il n'est pas vraiment influencé ; même s'il se soumet, il le fait habituellement par crainte d'être puni.

Afin d'exercer une influence profonde et durable sur la vie des jeunes, les adultes doivent renoncer aux méthodes restrictives fondées sur le pouvoir et opter pour des méthodes instructives fondées sur l'influence. Ces méthodes, que je décrirai et illustrerai dans les prochains chapitres, contribuent à réduire la tendance naturelle des enfants à résister au changement, les incitent à modifier leur comportement de leur propre initiative et à respecter les ententes conclues, et cultivent leur considération pour les autres.

On influence davantage les jeunes lorsqu'on ne cherche pas à les dominer ! Le contraire est aussi vrai : *plus on cherche à dominer les gens par le pouvoir, moins on influence leur vie.* Pourquoi ? Parce que les méthodes fondées sur le pouvoir poussent l'enfant à résister (il refuse d'obéir), à se révolter (il fait le contraire de ce qu'on lui demande), ou à mentir (il dit qu'il a fait ce qu'on lui a demandé alors qu'il ne l'a pas fait).

Autodiscipline ou discipline imposée

Distinguons deux formes de discipline : l'une est imposée de l'extérieur, l'autre émane de l'intérieur de la personne.

Les personnes possédant une autodiscipline trouvent leur motivation *à l'intérieur*. Les personnes obéissant à une discipline imposée cherchent cette motivation *à l'extérieur*.

On apprécie les enfants capables de faire preuve d'autodiscipline. La meilleure façon de stimuler ces qualités chez les jeunes reste la discipline coopérative.

Or, la plupart des parents et des enseignants croient que les enfants apprendront à se maîtriser s'ils leur imposent une contrainte extérieure.

Des observations quotidiennes nous révèlent que l'autodiscipline ne s'acquiert pas de cette façon. Rappelez-vous ce vieux dicton : « Quand le chat n'est pas là, les souris dansent. » Eh bien ! lorsque les adultes dominateurs ont le dos tourné, les jeunes se maîtrisent habituellement très peu. Il leur arrive même de faire exactement ce qu'on vient de leur interdire. Les enfants soumis à l'autorité parentale se transforment souvent en délinquants rebelles à l'adolescence : ils réagissent agressivement face à toute autorité adulte et n'ont aucune maîtrise de soi ni discipline intérieure.

Les jeunes qui font montre d'autodiscipline sont ceux qui ont toujours bénéficié d'une liberté considérable. Pourquoi ? Parce qu'on leur a donné la chance de faire leurs propres choix et de prendre leurs propres décisions. Les enfants apprennent à maîtriser les comportements qui dérangent les adultes si ceux-ci ont envers eux les mêmes égards. Ils respectent les règles dans la mesure où ils ont eu la chance d'établir ces règles avec les adultes. Discipliner les enfants ne produit pas des enfants disciplinés. La discipline imposée par les adultes peut engendrer des enfants obéissants, craintifs et soumis, mais ne peut pas inculquer aux enfants l'autodiscipline.

Une mésentente à propos des limites

Parents et éducateurs reconnaissent tous la nécessité d'établir certaines règles avec les enfants, mais la façon d'établir ces limites est très importante.

Les tenants de la discipline imposée affirment que les enfants ont besoin de limites et en réclament. Voilà une demi-vérité dangereuse. Certes, il est nécessaire que les enfants sentent que leur comportement est soumis à des règles, ne serait-ce que pour le bien-être des autres. Mais les jeunes réagissent très différemment lorsque ces règles sont imposées par un adulte et lorsqu'ils les ont déterminées avec celui-ci ! Les jeunes qui participent aux prises de décisions sur les ententes et les règles y tiennent vraiment. Les enfants respectent bien mieux leurs engagements si les adultes leur demandent leur avis quand vient le moment d'établir des règles.

Toutes les familles et les classes ont besoin de règles précises et de procédés clairement établis. Si on leur en donne la chance, les enfants peuvent très bien collaborer avec leurs parents et professeurs dans l'élaboration de règles et de lignes de conduite qui régiront leur comportement. Oubliez les sombres avertissements de tous ces manuels qui affirment qu'en l'absence de règles établies par des adultes règnent l'anarchie, le chaos et la confusion. Rien n'est plus faux.

En fait, les parents qui donnent aux enfants la chance de participer à l'établissement des règles familiales se retrouvent souvent avec des règles *plus nombreuses* et respectées par tous. Ce qui fait toute la différence, c'est *qui* établit les règles : les adultes seuls ou les adultes avec les enfants.

Dois-je être sévère ou indulgent ?

Tous les parents se sont posé à un moment ou à un autre la douloureuse question : dois-je être sévère ou indulgent ? Les enseignants, eux aussi, hésitent entre se montrer durs ou doux, autoritaires ou tolérants. Être ou ne pas être sévère, voilà le dilemme qu'affrontent éducateurs et parents.

Ce débat autour de la sévérité et de l'indulgence constitue un « faux problème ». Manifestement, vouloir choisir entre les deux, c'est penser « blanc ou noir ».

Je rencontre rarement des parents ou des enseignants qui comprennent à quel point il est inutile de choisir entre ces deux attitudes. Il existe en fait une troisième attitude qui n'est pas située à l'un ou l'autre extrême de l'échelle sévérité-indulgence. Cette attitude consiste à n'être *ni* autoritaire *ni* tolérant, *ni* sévère *ni* indulgent. S'agit-il alors de trouver un juste milieu entre ces deux extrêmes ? Non. Cette attitude *ne se situe aucunement sur l'échelle sévérité-indulgence* !

Le parent ou l'enseignant autoritaire détient le pouvoir. Le parent ou l'enseignant permissif « permet » aux enfants d'exercer ce pouvoir.

Les parents et les enseignants autoritaires dominent et commandent tandis que les parents et les enseignants permissifs laissent les enfants dominer et commander. Dans les écoles, la plupart des professeurs détiennent le pouvoir et exigent l'obéissance. Les enseignants permissifs ne dominent ni ne commandent : leurs classes sont habituellement bruyantes, chaotiques et improductives.

Nul parent ou enseignant ne souhaite vraiment souffrir les conséquences de la permissivité anarchique. En fait, même les enfants n'apprécient pas une trop grande permissivité à la maison ou à l'école. Je n'oublierai jamais le jour où ma fille est revenue à la maison après sa première journée d'école en disant : « Quelle horrible année ce sera ! J'ai deux profs autoritaires et deux permissifs ! »

La plupart des jeunes supportent mal les effets de la permissivité. Les enfants de parents permissifs se sentent souvent coupables de toujours obtenir gain de cause. Ils doutent également de l'amour de leurs parents parce que leurs comportements ne les rendent pas faciles à aimer. Il existe une façon bien meilleure que les attitudes autoritaire et permissive. Cette nouvelle approche pratique, différente et efficace exige que les adultes modifient leur *perception* des enfants et leur façon de les *traiter* et apprennent de nouveaux procédés.

Lorsque les parents et les enseignants comprendront qu'il existe une méthode de rechange plus efficace que l'autoritarisme ou la permissivité, ils ne se laisseront pas entraîner dans des discussions inutiles sur la discipline relâchée ou serrée et sur la sévérité ou l'indulgence. Mieux renseignés sur l'inefficacité de dominer par le pouvoir, parents et enseignants ne se laisseront pas leurrer par les trompeuses promesses des partisans d'une discipline plus rigoureuse dans nos familles et nos écoles. De plus, s'ils comprennent les dangers de la permissivité, ils ne seront pas séduits par les promesses de ceux qui prônent une liberté totale pour nos enfants et nos élèves.

Les multiples sens du mot « autorité »

Chaque fois qu'il est question de discipline, inévitablement le terme « autorité » refait surface. Malheureusement, ce terme ajoute encore plus de confusion à la question de la discipline. Les partisans de la discipline-à-tout-prix incitent sans cesse parents et enseignants à « exercer leur autorité », affirmant que les enfants et les jeunes en ont besoin, la réclament et seront plus heureux grâce à elle. Ils déplorent en outre « l'effritement de l'autorité » tant à l'école qu'à la maison et voudraient que les enfants modernes aient autant de respect pour elle que les enfants d'une autre époque.

> En l'absence d'autorité, les familles et les classes tombent inévitablement dans le chaos, la confusion et le désordre. (Dobson, 1978)

Dans le but d'étayer leur théorie, les tenants de la discipline-à-tout-prix soutiennent en général que les enfants respectent l'autorité, la souhaitent et se fient à elle. On se demande pourquoi, dans ce cas, ils s'inquiètent tant du fait que les jeunes se révoltent contre l'autorité de leurs parents ou de leurs professeurs et pourquoi ils critiquent

« l'effritement de l'autorité » (preuve que celle-ci ne suscite pas toujours le respect et la soumission des enfants). Aucun ne répond à la question fondamentale : si les enfants respectent et recherchent l'autorité, pourquoi manifestent-ils tant de résistance, d'hostilité et d'irrespect pour les adultes qui en font usage ?

Distinguons quatre sortes d'autorité :

1. L'autorité fondée sur l'expérience.

Ce type d'autorité découle de l'expérience d'une personne, de son savoir, de sa compétence, de sa sagesse. Par exemple, nous disons d'une personne qu'elle est une autorité en droit international. On parle alors d'autorité *acquise*.

Dans notre famille, ce type d'autorité prévaut souvent. Ainsi, il n'est pas rare que ma fille et ma femme me persuadent de changer de chemise ou de pantalon (ou les deux) m'expliquant qu'ils sont mal assortis. D'habitude, j'accepte leur compétence et leur expérience dans ce domaine. Souvent (mais pas toujours), ma femme suit mes instructions lorsqu'elle traverse une ville inconnue en voiture, parce qu'elle reconnaît mon sens de l'orientation d'ancien pilote.

Comme elle a meilleure mémoire que moi des dates et des événements, j'accepte son avis sur des questions comme l'heure à laquelle débute une soirée et je m'exécute lorsqu'elle me rappelle d'écrire une lettre ou d'acheter un cadeau d'anniversaire.

2. L'autorité fondée sur la position.

Une deuxième forme d'autorité découle de la position d'une personne, de la description de son poste, qui précise les fonctions et les responsabilités. Investi de ce type d'autorité, le pilote commande à son équipage et à ses passagers, le président d'un comité donne la parole à un membre, le professeur demande à ses élèves de prendre leur manuel à telle page, le patron dicte une lettre à sa secrétaire, le percepteur recueille l'argent de l'impôt, le conducteur de la voiture demande à ses passagers de boucler leur ceinture de sécurité.

Ce type d'autorité est « reconnu et accepté par tous ». Il est efficace quand les personnes concernées acceptent que la personne en poste régisse certains de leurs comportements. Ainsi, ma secrétaire n'est pas tenue de m'apporter du café, car cette tâche ne figure pas dans sa description de poste.

Dans notre famille, l'autorité de position joue un rôle important. Nous avons depuis longtemps conclu des ententes en ce qui concerne les tâches ménagères. Ainsi, lorsque c'est à mon tour de préparer le dîner, trois fois par semaine, ma femme et ma fille peuvent me demander de leur servir un mets pas trop épicé. Et comme ma fille a accepté de nourrir et de laver notre chien, il est entendu que je peux lui dire : « Le chien a besoin d'un bain. » En outre, comme j'ai la responsabilité de faire le marché, je trouve parfaitement acceptable que ma fille me demande d'acheter telle marque de jus d'orange plutôt qu'une autre.

Nous acceptons tous ces tâches, puisque chacun de nous a participé à la répartition de ces responsabilités. C'est de cette acceptation mutuelle que l'autorité de position tire sa capacité d'influencer les comportements.

3. L'autorité fondée sur des ententes informelles.

Cette forme d'autorité découle des nombreux accords, ententes et contrats que les gens concluent dans leurs interactions quotidiennes. Ainsi, si j'accepte le matin de conduire ma fille au garage à 16 heures le même jour pour qu'elle puisse y prendre sa voiture, cette promesse a beaucoup de poids (ou d'autorité, si vous voulez) puisqu'elle m'oblige à quitter mon bureau avant 17 heures et à respecter mon engagement.

Ou encore, si nous annonçons notre retour à la maison pour une heure précise et ne pouvons pas rentrer à l'heure dite, nous téléphonons. Le but de cette entente est évidemment d'éviter de nous inquiéter inutilement.

Avec les années, ma femme et moi nous nous sommes entendus pour que celui qui se lève le premier descende faire le café, rentre le journal et monte café et journal à celui qui est encore au lit. Le dernier levé fait le lit.

Voici d'autres ententes de ce type qui prévalent dans notre famille :

- Ma femme soigne les plantes.
- Je prépare habituellement le petit déjeuner le dimanche.
- Ma femme s'allonge sur le divan pour regarder la télévision, je prends le fauteuil.
- Ma fille est responsable de ses devoirs ; c'est elle qui décide si elle les fait, où et quand elle les fait.

L'autorité fondée sur des ententes tire sa puissante influence de l'engagement personnel sur lequel elle est fondée.

Dans un chapitre ultérieur, j'examinerai ce type d'autorité en profondeur et j'expliquerai comment l'employer pour influencer les jeunes tant à la maison qu'à l'école.

4. L'autorité fondée sur le pouvoir.

Ce type d'autorité découle du pouvoir que détient une personne sur une autre : pouvoir de maîtriser, de dominer, de forcer, de faire plier les autres et de les amener à agir contre leur gré. C'est à ce type d'autorité qu'on fait allusion lorsqu'on dit que parents et professeurs doivent exercer leur autorité, lorsqu'on souhaite que les enfants « respectent » l'autorité des adultes, lorsqu'on parle de « révolte » des jeunes contre l'autorité.

Dans le prochain chapitre, j'expliquerai en détail comment les adultes se servent du pouvoir des récompenses et des punitions pour essayer de dominer les enfants et pourquoi cela échoue si souvent. Je soulignerai aussi les nombreux effets nocifs de l'autorité fondée sur le pouvoir. Voyons les effets de ces quatre types différents d'autorité fondée sur le pouvoir.

L'autorité fondée sur l'expérience est très bien vue et plutôt inoffensive dans les relations humaines. La plupart des gens, y compris les enfants, respectent ceux qui possèdent une compétence particulière. Ils apprennent à leur contact et sollicitent leurs conseils. Les enfants éprouvent un grand respect envers les personnes qui possèdent une certaine expérience. Cela est particulièrement vrai chez des jeunes enfants, qui croient que leurs parents savent tout et sont souvent émerveillés devant l'étendue du savoir des médecins, dentistes, professeurs, moniteurs, menuisiers et autres.

En général, les enfants respectent l'autorité qui découle des rôles et des fonctions associés aux postes qu'occupent les adultes. Lorsqu'un professeur rappelle sa classe à l'ordre, la plupart des élèves obéissent ; ils trouvent aussi normal que le professeur leur donne des travaux et des examens. Lorsqu'on leur demande de boucler leur ceinture en voiture, la plupart des jeunes jugent cette exigence légitime, tout comme les passagers d'un avion qui bouclent leur ceinture sur l'ordre du pilote pendant les périodes de turbulences. Les enfants répondent presque toujours à des appels tels que : « Le dîner est servi » ; « Apportez les assiettes » ; « Mangez pendant que c'est chaud » ; « Débarrassez la table » ; et ainsi de suite.

Les enfants ne respectent pas l'autorité fondée sur le pouvoir. Je ne me rappelle pas avoir jamais respecté un professeur autoritaire qui se servait de son pouvoir pour me contraindre. Les enfants n'estiment pas les adultes qui se servent constamment de leur pouvoir pour les punir ou menacer de le faire. Comme les adultes, les enfants ont peu de respect pour les manipulateurs de pouvoir, bien qu'ils les craignent. Plutôt, ils cherchent à s'en venger, à leur résister, à les éviter, à leur mentir et finissent par les détester. Lorsque les adultes se plaignent du manque de respect des enfants envers l'autorité, ils parlent de l'autorité fondée sur le pouvoir. En fait, ils déplorent le fait que les enfants n'*obéissent* pas au doigt et à l'œil.

Je sais que les parents n'ont pas bien compris le sens du mot « autorité » lorsqu'ils me disent : « Vous incitez les parents et les enseignants à ne pas employer l'autorité. Mais n'est-il pas de leur devoir d'inculquer aux enfants leurs valeurs et leurs croyances, et de partager avec eux leur jugement et leur sagesse éclairés ? » Cette question illustre la confusion qui subsiste entre l'autorité fondée sur le pouvoir et l'autorité fondée sur l'expérience. Je leur réponds en soulignant que si je demande aux parents et aux professeurs de *ne pas* employer l'autorité fondée sur le pouvoir, je les invite certainement à partager leur expérience chaque fois que c'est approprié. En fait, quand la relation est bonne, les enfants recherchent les conseils et les opinions de leurs aînés et sont curieux de connaître leurs croyances et leurs valeurs. En d'autres mots, un adulte qui *fait autorité* sur un sujet fondé sur son expérience nuit rarement à sa relation avec un enfant ; ce qui n'est pas le cas de l'adulte qui se montre *autoritaire* et emploie l'autorité fondée sur le pouvoir.

Les partisans de la discipline imposée cultivent généralement l'imprécision dans leur langage lorsqu'ils essaient de défendre l'idée que les parents ont le devoir d'imposer une discipline fondée sur le pouvoir.

Certains citent la Bible, et surtout l'Ancien Testament, pour appuyer leur théorie sur la nécessité de discipliner les enfants. Ils citent rarement le Nouveau Testament qui recommande l'autorité fondée sur l'expérience : « Et vous, parents, n'exaspérez pas vos enfants, mais usez, en les éduquant, de corrections et de semonces qui s'inspirent du Seigneur. » (Éphésiens, 6:4)

Les corrections et les semonces sont manifestement des moyens d'*influencer* les autres en partageant sa propre expérience, sa sagesse et son savoir. Elles relèvent de l'autorité fondée sur l'expérience et non de l'autorité fondée sur le pouvoir qui vise à *dominer* les autres.

Dans les chapitres subséquents, j'expliquerai comment et quand employer l'autorité fondée sur l'expérience, la position ou les ententes. Ces trois types d'autorité constituent des moyens puissants et constructifs d'*influencer* les enfants tandis que l'autorité fondée sur le pouvoir, souvent inefficace, vise à les dominer. Il est essentiel de faire la différence entre *influencer* et *dominer*, comme je l'expliquerai en détail un peu plus loin.

Le mythe de l'« autorité bienveillante »

La tendance des champions de la discipline imposée qui veulent entourer l'autorité fondée sur le pouvoir d'une aura d'amour et de bienveillance est à l'origine d'une autre confusion à propos de la discipline et de l'autorité. Ces derniers racontent aux parents qu'ils peuvent employer sans danger une discipline punitive, pourvu qu'ils le fassent d'une manière juste, sage, aimante et en prenant à cœur « le bien de l'enfant ». Ils clament qu'il n'y a rien de mal à se montrer « ferme mais juste », « dur avec amour », « autocratique avec bienveillance », « à commander tant qu'on ne s'érige pas en dictateur », « à punir tant que la punition n'est pas trop sévère ».

Ces idées sont populaires, car elles concordent avec ce que les adultes qui croient aux punitions *veulent* penser. Pour justifier leur emploi d'une discipline fondée sur le pouvoir afin de maîtriser les enfants, ou encore pour atténuer leur culpabilité, les adultes veulent désespérément croire qu'ils sont motivés par l'amour et le bien-être des enfants. Ils essaient d'atténuer la gravité de la *fin* afin de justifier l'emploi de *moyens* fondés sur le pouvoir.

Une autorité fondée sur le pouvoir peut-elle être bienveillante ? Oui, si nous entendons par là que le dominateur *pense* agir avec bienveillance et pour le bien de l'enfant. Toutefois, si on me demande : « La discipline fondée sur le pouvoir est-elle *vraiment* bénéfique à l'enfant, c'est-à-dire est-ce que l'enfant sent que cette forme de discipline lui fait du bien ? » je répondrai : « Rarement et même jamais. ». Dans le chapitre 5, je reviendrai sur cette croyance en décrivant les divers mécanismes d'adaptation qu'utilisent les enfants pour se défendre de l'autorité fondée sur le pouvoir ou pour la fuir. Je soutiens que les enfants n'ont jamais l'impression que la discipline punitive est bienveillante ni bénéfique pour eux.

Dans *L'Autorité des parents dans la famille* et dans *Parents au pouvoir*, le psychologue John Rosemond invite les parents à être des « dictateurs bienveillants » qui *insistent pour être obéis* de leurs enfants. Voyons les ambiguïtés et les imprécisions qu'il entretient dans l'extrait suivant :

> Les dictateurs bienveillants sont des autorités douces qui comprennent que leur pouvoir est la pierre angulaire du sentiment de sécurité qu'éprouvent les enfants. Les dictateurs bienveillants n'ont pas besoin d'inspirer la crainte pour exercer leur influence. Ils sont des autorités, mais ne sont pas autoritaires… Ils restreignent certes la liberté de leurs enfants, mais ne sont pas des tyrans… Les enfants respectent leurs parents en leur obéissant. Les parents, quant à eux, respectent leurs enfants en exigeant d'eux qu'ils obéissent. L'apprentissage de l'obéissance augmente l'indépendance d'un enfant… Les enfants qui craignent leurs parents n'obéissent pas, ils se soumettent. Les enfants qui obéissent, au contraire, ne sont pas craintifs. (Rosemond, 1982)

Dans ce chapitre et les prochains, je clarifie ces conceptions confuses de l'autorité.

Chapitre deux

La méthode traditionnelle : récompenses et punitions

« Discipliner » les enfants veut dire les dominer au moyen du pouvoir. Voyons comment cette domination fondée sur le pouvoir est censée fonctionner.

Le but des dominateurs est de contrôler leurs sujets et de les forcer à agir. Ils souhaitent, bien sûr, que leurs sujets se montrent soumis, dociles, *obéissants*.

> L'enfant apprend à céder à l'autorité divine en apprenant d'abord à se soumettre (plutôt que de négocier) à l'autorité de ses parents… En apprenant à céder à l'autorité aimante de ses parents, l'enfant apprend à se soumettre à d'autres formes d'autorité qu'il rencontrera plus tard dans sa vie… professeurs, directeurs, police et employeurs. (Dobson, 1978)

Beaucoup de parents croient que l'enfant doit apprendre l'obéissance à la maison afin d'être prêt à *obéir à toute forme d'autorité adulte, quelle qu'elle soit*.

Cette forme de discipline vise à susciter des comportements précis que le *contrôleur* juge souhaitable. Le contrôleur choisit ce qu'il considère comme bénéfique à l'enfant. Ses intentions peuvent être louables. Combien de fois n'avez-vous pas entendu ces phrases lorsque vous étiez petit : « Tu me remercieras plus tard » ou : « C'est pour ton bien que j'agis ainsi » ? En fait, j'ai remarqué que la plupart des contrôleurs, qu'ils soient parents, enseignants, patrons, ministres du culte ou dictateurs, essaient de justifier ainsi logiquement leur désir de dominer.

La psychologue Alice Miller a décrit en détail les effets de cette attitude de domination sur les enfants. (Miller, 1986)

Les contrôleurs choisissent parfois des buts qui les servent *surtout eux-mêmes*. Par exemple, un professeur expulse un élève qui l'empêche de poursuivre son enseignement. Ils veulent souvent croire qu'ils exercent un contrôle afin d'aider leur sujet alors qu'en fait, ils le font pour satisfaire leurs propres besoins. Rares sont les jeunes qui considèrent la contrainte comme bénéfique pour eux.

Où les contrôleurs prennent-ils leur pouvoir ?

Pourquoi les contrôleurs réussissent-ils si souvent à se faire obéir ? D'où tirent-ils leur pouvoir ? Ils le tirent de l'emploi de la carotte et du bâton, soit des *récompenses* et des *punitions*.

La possession et l'octroi de récompenses, c'est-à-dire le moyen de satisfaire certains besoins du sujet, est une des sources du pouvoir d'un contrôleur. Si l'enfant est affamé, son père peut exploiter l'accès exclusif à la nourriture pour l'inciter à mettre la table en disant : « Jean, si tu mets la table, tu pourras manger. » Si une fille souhaite désespérément une nouvelle robe, sa mère peut lui promettre de la lui payer si elle range sa chambre tous les jours. Voilà une façon de commander par des promesses qui, en satisfaisant le besoin de l'enfant, lui apparaîtront comme gratifiantes.

La possession de moyens visant à faire souffrir, à priver ou à gêner l'enfant constitue une autre source de pouvoir. Si on veut que son fils mange ses légumes, on peut lui dire : « Tu resteras à table tant que tu n'auras pas mangé tes légumes ou tu seras privé de dessert ou de télévision. » On se fait alors obéir en privant l'enfant d'une chose qu'il veut, ce qui lui donnera le sentiment d'être *puni*.

Récompenses et punitions, voilà les sources ultimes de pouvoir qu'utilisent les contrôleurs pour se faire obéir, les « disciplineurs » pour discipliner et les dictateurs pour imposer leur volonté.

L'adulte a plus de pouvoir, de moyens de récompenser et de punir l'enfant que l'enfant en a de récompenser et de punir l'adulte. Mais, cet écart s'atténue à mesure que l'enfant grandit et devient adolescent.

Avec les très jeunes enfants, les adultes disposent d'une impressionnante panoplie d'objets qui leur sont utiles et agréables : nourriture, vêtements, boissons, jouets, livres à colorier, cassettes, argent, bonbons, chewing-gums. Ils peuvent aussi les récompenser avec toutes sortes d'activités qu'ils aiment : chanter pour eux, leur lire des histoires, jouer ensemble, les porter sur le dos, les tirer dans la poussette, les prendre et les embrasser.

Les adultes possèdent également une puissante batterie de punitions destinées aux jeunes enfants. D'abord, ils peuvent les priver de l'une des récompenses inscrites ci-dessus. De plus, ils peuvent les faire souffrir physiquement, limiter leurs activités, les confiner à leur chambre, crier après et les réprimander, les rejeter, les frapper, les gaver, les effrayer, les fusiller du regard, les bouder et adopter des centaines d'autres attitudes punitives.

Comment les récompenses sont-elles censées fonctionner

Pour qu'une récompense fonctionne, elle doit réunir trois conditions :

- L'enfant doit vouloir ou avoir besoin de quelque chose assez fort pour accepter de se soumettre à la volonté du parent ou de l'enseignant.
- L'enfant doit juger que la récompense offerte peut satisfaire un de ses besoins.
- L'enfant doit dépendre du parent ou de l'enseignant pour obtenir la récompense (c'est-à-dire qu'il est incapable de répondre lui-même à son besoin).

Le parent ou l'enseignant peut utiliser les récompenses de deux façons différentes :

- Promettre la récompense à condition que l'enfant fasse d'abord ce qu'on attend de lui (se soumettre à sa volonté).
- Attendre que l'enfant adopte le comportement voulu et lui donner alors la récompense comme une faveur inattendue

Voici un exemple de contrôle au moyen d'une récompense promise. Le parent veut que son enfant aille se coucher, alors il lui dit : « Si tu te couches tout de suite sans rechigner, je te lirai une histoire. ».

Voici un exemple de récompense accordée une fois le comportement adopté : un professeur veut que l'enfant arrête de se lever de son siège ; lorsqu'il remarque que l'enfant reste bien assis, il lui sourit et lui dit : « C'est très bien de ne pas te lever. ».

Cette façon de commander les enfants à l'aide de récompenses porte divers noms : modification du comportement, modelage du comportement, conditionnement opérant, renforcement positif, gestion du comportement, systèmes de contingences. Quelle que soit l'expression employée, la méthode de base consiste à essayer de susciter un comportement précis en attirant l'enfant avec des conséquences positives ou gratifiantes.

L'acte de récompenser semble assez bienveillant. Après tout, ses conséquences n'apparaissent-elles pas à l'enfant comme désirables, agréables, satisfaisantes ? Et cette méthode peut être efficace, comme l'ont prouvé d'innombrables expériences faites auprès d'enfants dans divers contextes : écoles, hôpitaux et foyers. Elle a entraîné l'abandon de certains comportements indésirables chez les enfants autistiques, schizophrènes, retardés physiquement ou mentalement et chez d'autres enfants gardés en institution.

Toutefois, cette méthode comporte de graves limites et elle est souvent inefficace, comme je l'expliquerai en détail dans le prochain chapitre.

Le principe qui consiste à modifier et à façonner le comportement des enfants en prévoyant délibérément des effets positifs et gratifiants est valable, mais il est loin d'être aussi facile à appliquer qu'il le paraît. En fait, il exige habituellement une série complexe et longue d'étapes qui permettront de modifier un *seul* comportement comme mouiller son lit ou frapper les autres. En outre, le contrôleur doit posséder de solides connaissances techniques sur la façon d'appliquer la méthode des récompenses d'une manière cohérente et appropriée. Enfin, comme je l'expliquerai plus loin, commander les enfants par des récompenses entraîne chez eux des effets secondaires négatifs que la plupart des adultes jugent déplaisants. Tous ces problèmes font en sorte que cette méthode est risquée et inefficace, comme nous le verrons au chapitre 3.

Comment les punitions sont-elles censées fonctionner

Comme la récompense, la punition exige certaines conditions de base pour influencer efficacement le comportement de l'enfant :

- L'enfant doit la percevoir comme nocive, blessante, non voulue, privative, elle doit être frustrante et contraire à ses besoins.
- Elle doit être répulsive au point d'inciter l'enfant à abandonner le comportement non désiré.
- L'enfant doit être incapable d'échapper à la punition ou à sa relation avec le contrôleur et dépendre de lui pour satisfaire ses besoins.

La punition peut aussi fonctionner de deux façons. Dans le premier cas, l'adulte peut brandir la menace d'une punition si l'enfant ne modifie pas son comportement : « Si tu ne cesses pas tout de suite, je te donnerai une fessée que tu n'oublieras pas de sitôt. » Dans le second cas, l'adulte peut infliger la punition à la suite d'un comportement « inacceptable » déjà adopté par l'enfant : « Comme tu m'as désobéi, tu seras privé de télévision pendant une semaine. »

Le fait de commander en employant ou en menaçant d'employer un stimulus désagréable ou pénible porte divers noms : modification du comportement, conditionnement aversif, apprentissage par évitement, gestion du comportement, action de discipliner, application de conséquences.

Comme je l'expliquerai au chapitre 4, certains facteurs complexes rendent cette méthode encore plus difficile à appliquer que celle des récompenses. Pour « fonctionner », la punition doit être infligée le plus rapidement possible après l'action répréhensible. Elle ne doit être ni trop légère ni trop forte : trop légère, elle est inefficace, trop forte, elle fera fuir l'enfant ou l'incitera à cesser ses efforts. Cette méthode comporte des effets secondaires très graves : notamment elle brise la relation de confiance entre l'adulte et l'enfant et cause des torts physiques et psychologiques à l'enfant.

Les conditions de fonctionnement des récompenses et des punitions

Cette forme de contrôle exige de l'adulte qu'il possède les moyens appropriés soit de *satisfaire* les besoins de l'enfant, soit de l'en *empêcher*. C'est une simple question de *satisfaction* ou de *privation d'un besoin* régie par le contrôleur ; celui-ci détient l'usage exclusif des moyens et décide seul du moment où il les mettra en œuvre. Il possède ainsi le contrôle indiscutable de la relation, *qui est toujours inégale*.

De plus, c'est le contrôleur qui choisit les comportements qu'il juge acceptables ou inacceptables, ceux qui doivent être renforcés au moyen de récompenses ou découragés au moyen de punitions.

Pour que cette forme de contrôle produise des résultats, l'enfant doit demeurer constamment dans un état de *dépendance* et de *crainte* : dépendance envers les récompenses accordées par le contrôleur et crainte de punitions que celui-ci peut lui infliger. L'enfant doit également être coincé dans la relation et incapable d'obtenir lui-même ce que le contrôleur lui donne tout comme d'échapper à ses punitions.

Par exemple, une mère incite son enfant à s'acquitter d'une tâche en lui offrant des bonbons ou de la nourriture. Elle perdrait toute autorité sur lui s'il avait accès à tous les bonbons et à toute la nourriture qu'il désire. En grandissant, il pourra acheter ses propres friandises avec son argent et ses parents perdront beaucoup de leur pouvoir sur lui.

Ou encore, un père qui frappe son fils parce qu'il blasphème verra son pouvoir nettement diminuer lorsque l'enfant sera trop grand pour être frappé. Ce phénomène se reproduit dans toutes les familles et dans toutes les classes. En grandissant, l'enfant trouve de plus en plus de moyens d'échapper aux punitions des adultes, qui perdent alors leur pouvoir sur lui parce qu'ils ne trouvent plus de punitions assez sévères ou répulsives pour se faire obéir.

Voilà pourquoi des parents disent : « Ma fille était si gentille, enfant, mais maintenant nous n'avons presque plus d'autorité sur elle. » Comme ils ne peuvent plus *contrôler leur enfant*, comme ils n'ont jamais appris à *l'influencer*, ils se sentent impuissants. Les adultes perdent la plus grande partie de leur pouvoir lorsque les enfants grandissent parce que les conditions changent : *on ne peut contrôler les autres à moins de les garder dans la dépendance et la crainte, et de les empêcher de fuir la relation.*

On retrouve ces conditions dans bien des relations comme celle du maître et de l'esclave, avant que les esclaves aient été affranchis et même longtemps après. Elles caractérisaient aussi les relations patron-employés dans la plupart des industries au cours des décennies de la révolution industrielle, qui ont précédé la création des syndicats. Et, nous le savons tous pour être passés par là, les élèves ont toujours été dépendants de leurs professeurs pour leurs notes et leur évaluation, et ont toujours craint les punitions. Toutefois, plus les employés s'appuient sur leurs syndicats et plus les élèves grandissent, plus leurs contrôleurs perdent leur pouvoir sur eux.

Il en a été ainsi pour les femmes mariées. Jusqu'à tout récemment, la plupart d'entre elles dépendaient de leur mari financièrement et craignaient de lui tenir tête. En outre, comme il n'était pas facile de divorcer, elles étaient coincées dans un rôle subalterne dans cette relation.

Le chef religieux exerce le même contrôle sur ses disciples, tout comme le dictateur sur les citoyens de son pays. Tous deux encouragent une dépendance extrême, brandissent la menace de punitions imprévisibles et restreignent fortement les possibilités de quitter le groupe.

Toutefois, *les relations fondées sur un pouvoir inégal sont instables et temporaires, car elles fomentent les actes mêmes qui saperont et affaibliront le pouvoir du dominateur.*

Les adolescents se révoltent contre le pouvoir qu'exercent leurs parents dans le but de les changer, de les façonner à leur image ou de les forcer à agir conformément à leurs codes moraux. Les parents sont alors stupéfaits de constater qu'ils n'ont plus la main haute sur leurs enfants et se demandent pourquoi.

Contrôle externe ou contrôle interne

Examinons maintenant la différence entre deux formes de contrôle qui caractérisent les relations adulte-enfant : le contrôle *externe* et le contrôle *interne*, soit la discipline imposée par l'adulte et la discipline intérieure de l'enfant.

Les adultes qui ont recours aux punitions exercent un contrôle externe plutôt que de laisser les enfants apprendre à se contrôler eux-mêmes face aux désagréments qui résultent de leur propre comportement. Les adeptes d'une discipline rigoureuse font très peu pour promouvoir la discipline intérieure chez leurs enfants. Au chapitre 10, j'expliquerai pourquoi les adultes détestent renoncer au contrôle externe.

À ma connaissance, l'approche proposée par les formations *Parents efficaces* et *Enseignants efficaces* est la seule à exclure les contrôles externes que sont les récompenses et les punitions. Les autres ouvrages sur l'éducation des enfants encouragent tous sans exception l'emploi des récompenses, y compris des éloges. De nombreux ouvrages favorisent l'usage des punitions, et même des châtiments physiques. Certains mettent les adultes en garde contre leur usage *fréquent* ou condamnent les punitions corporelles graves. D'autres préconisent les punitions non physiques sans toutefois employer le mot « punition » qu'ils remplacent par des euphémismes à consonance plus humaine.

Les « behavioristes » parlent de conditionnement aversif et d'entraînement par évitement. D'autres emploient des termes comme « conséquences naturelles et logiques ». (Dreikurs et Soltz, 1972)

Les enfants doivent souffrir des conséquences de leur « mauvaise conduite ». Ils appellent « conséquences naturelles » les répercussions qui surviennent naturellement et ne sont pas prévues artificiellement par les adultes. Ainsi, une fillette oublie de nouer ses lacets ; elle trébuche et se blesse au genou. Sa souffrance (punition) est une conséquence naturelle de son oubli. Dreikurs conseille sagement aux parents de ne pas adoucir la punition en réconfortant l'enfant, par exemple, de peur qu'elle ne pense pas à nouer ses lacets la fois suivante. Une conséquence naturelle aussi douloureuse constituerait une punition pour la plupart des enfants et contribuerait à réduire ou à éliminer le comportement qui l'a causée (soit ne pas nouer ses lacets). Dans ce cas, on peut dire que c'est la nature qui inflige la punition.

Évidemment, tous les enfants apprennent ainsi nombre de leçons importantes et développent aussi leur contrôle intérieur (« Je ferais mieux de nouer mes lacets la prochaine fois pour éviter de tomber »). Et il n'y a rien de mal à cela. De plus, même si elle inflige une légère souffrance à l'enfant, cette conséquence n'entache en rien sa relation avec ses parents.

Ces auteurs recommandent aussi aux parents d'imposer des « conséquences logiques » à l'enfant. Exemple : l'enfant est en retard pour dîner, ses parents l'informent qu'il doit supporter la conséquence logique de son retard en se couchant sans dîner.

Ce n'est pas « logique » que mon enfant soit privé de dîner parce qu'il est en retard. Dans notre famille, les conséquences, qui me paraissent plutôt « naturelles », d'un tel retard pourraient être que ma fille mangera un repas froid, réchauffera son plat ou se confectionnera un sandwich. Mais l'obliger à se coucher sans manger, non ! (C'est d'ailleurs ce qui se passerait si un adulte, le mari ou la femme, était en retard. On ne peut priver l'enfant de manger que parce qu'il est plus petit que l'adulte. Apprendre à faire comme tous les adultes dans cette situation est éducatif et entretient des relations saines.) Cela non seulement me paraît illogique, mais constitue tout simplement une tentative de contrôler par une punition.

La « conséquence logique » n'est qu'une appellation différente du terme « punition ».

L'application de conséquences aversives fait partie de la plupart des programmes de formation destinés aux parents. Bien que ces programmes se soient largement inspirés de la formation *Parents efficaces* et enseignent les procédés essentiels à la communication, notre programme reste le seul à ne pas recourir à la punition.

Remarquez que ceux qui préconisent les punitions et tentent de faire croire que la fin justifie les moyens mettent les adultes en garde contre les punitions trop sévères, trop fréquentes et infligées sous le coup de la colère.

La discipline axée sur des punitions ne fonctionne pas si les punitions sont *faibles, peu fréquentes* et *peu douloureuses.*

En effet, pour avoir un effet dissuasif, la punition doit être assez sévère pour infliger une souffrance à l'enfant.

Enfin, la recommandation « Ne punissez pas lorsque vous êtes en colère » est naturellement impossible à suivre. Si on attend que la colère tombe avant de donner la punition, elle risque de ne pas fonctionner, car elle doit normalement survenir immédiatement après le comportement inacceptable.

Au chapitre 3, j'expliquerai plus précisément pourquoi les récompenses sont inefficaces quand les adultes s'en servent pour contrôler les enfants. Et au chapitre 4, je soulignerai les défauts et les dangers de la punition.

CHAPITRE TROIS

POURQUOI LES RÉCOMPENSES SONT INEFFICACES

On essaie tellement souvent de maîtriser le comportement des enfants par des récompenses que l'on met rarement en doute leur efficacité. La plupart des enseignants emploient des méthodes de contrôle fondées sur les récompenses : étoiles, notes de bonne conduite, temps libre, allocation préférentielle des places, poste « d'assistant » du professeur, affichage des dessins ou des textes des élèves. Ils recourent automatiquement aux compliments pour obtenir que les élèves se tiennent bien ou réalisent une tâche : « Tu dessines de très jolies fleurs. » ; « Ton texte est joliment tourné. » ; « Vous avez été des anges aujourd'hui. ».

Les parents font, eux aussi, un usage immodéré des récompenses, en particulier avec les jeunes enfants. Ils leur offrent de l'argent pour qu'ils rangent leur chambre, du dessert pour qu'ils mangent leurs légumes, des étoiles pour qu'ils se brossent régulièrement les dents et des présents pour qu'ils fassent leurs devoirs. Comme les enseignants, ils manient très habilement le compliment : « C'est gentil de ta part d'aider ta mère à mettre la table » ; « Je dirai à ton père combien tu m'as aidée aujourd'hui. » ; « Quel beau travail tu as fait dans le jardin. ».

À voir la fréquence avec laquelle on récompense les enfants, on pourrait croire qu'il s'agit là d'un moyen efficace de les faire obéir. Mais l'est-il vraiment ? Il me semble que ni les enseignants ni les parents n'obtiennent un grand succès avec leurs divers systèmes de récompenses. Il y a de nombreuses raisons à cela.

Contrôler par les récompenses : l'aspect technique

Les récompenses appliquées par les parents pour contrôler les enfants sont inefficaces parce que cette méthode exige une grande rigueur technique de la part du contrôleur, niveau que peu d'adultes atteignent. Modifier le comportement des enfants par des récompenses est une véritable science.

Les récompenses fonctionnent si elles suivent immédiatement le comportement désiré. (Donnez un biscuit à votre chien aussitôt qu'il a obéi à votre commande sinon il n'obéira pas la fois suivante.) Les récompenses doivent également être données selon un plan précis, soit chaque fois que le comportement voulu est adopté au début, et par intermittence ensuite. En outre, le spécialiste du comportement doit choisir soigneusement des récompenses qui satisferont un besoin précis de son sujet. Il doit noter avec soin la fréquence du comportement désiré afin de déterminer si la personne change vraiment. Il doit aussi s'assurer qu'il ne récompense pas par inadvertance un comportement non souhaité. C'est ce qui arrive, par exemple, lorsqu'un enfant fait le pitre en classe et obtient l'attention gratifiante de son professeur. Même entre les mains des meilleurs spécialistes, la modification du comportement par des récompenses prend invariablement beaucoup de temps. Ainsi cela peut prendre plusieurs mois avant qu'un enfant apprenne un seul comportement, comme utiliser les toilettes au lieu de souiller sa culotte.

Voici un exemple de plan de modification de comportement fondé sur les récompenses :

Définissez d'abord le comportement recherché. Déterminez, par exemple, ce que cela signifie « ne pas être timide » et prenez cela pour but. Que voulez-vous que votre enfant puisse faire sans être intimidé ? Cela est extrêmement important, car vous ne pourrez pas récompenser ses progrès si vous n'avez pas d'objectif précis. Donc, vous décidez qu'à son âge, votre enfant devrait pouvoir saluer les visiteurs, se présenter et demander leurs noms, puis demeurer avec eux jusqu'à l'arrivée de la personne qu'ils sont venus voir. L'étape suivante consiste à déterminer jusqu'où peut déjà aller votre enfant sans malaise. Disons qu'il peut observer depuis une certaine distance quelqu'un d'autre ouvrir la porte. Vous devriez le féliciter à mesure qu'il se rapproche de la porte et assiste de plus près à l'accueil. À ce stade, on commet souvent l'erreur de s'impatienter et de pousser l'enfant vers la porte ou même de l'intégrer à l'accueil. Cela peut donner des résultats, mais au grand détriment de l'enfant. Parfois, cela empire les choses et éloigne encore davantage l'enfant de la porte. L'enfant pourra, par exemple, fuir par la porte de derrière à l'approche des visiteurs. Armez-vous de patience et rappelez-vous que si vous récompensez ses progrès, il en fera d'autres à coup sûr. Ainsi, vous récompensez petit à petit l'enfant à mesure qu'il se rapproche de la porte, sans jamais le pousser et en félicitant le moindre de ses progrès. (Vous pouvez accélérer le processus en faisant en sorte d'avoir beaucoup de visiteurs ; si la possibilité de récompenser les progrès de l'enfant ne se présente qu'une fois par mois, cela vous prendra toute la vie pour obtenir le comportement désiré.) Au bout d'un certain temps, votre enfant acceptera volontiers de vous accompagner à la porte pour

> accueillir les visiteurs. Votre problème sera ainsi presque entièrement résolu. (Wright, 1980)

Aucun parent ne trouvera le temps d'employer cette méthode avec la multitude des comportements à inculquer à leurs enfants : se coucher à l'heure, ranger leurs jouets, nettoyer leurs dégâts, ramasser leurs vêtements, ne pas frapper leur petit frère, fermer la bouche en mangeant, se brosser les dents tous les jours, nourrir le chien, se lever à temps pour l'école, téléphoner aux parents pour dire où ils sont. La liste pourrait s'allonger indéfiniment. En outre, imaginez qu'un enseignant dépende de cette méthode complexe pour modifier les comportements de trente enfants !

Compte tenu du nombre de conditions à respecter et du temps à employer avec cette méthode complexe, je suis convaincu que le système de récompenses n'est pas vraiment utile pour les parents ou les enseignants. Les experts obtiennent un succès indéniable avec cette méthode lorsqu'il s'agit d'apprendre aux enfants retardés à marcher, aux enfants autistiques à parler, aux enfants schizophrènes à porter leurs lunettes et ainsi de suite. Mais il semble absurde d'espérer que parents et enseignants obtiendront des résultats semblables avec une méthode aussi compliquée.

Les récompenses : difficultés rencontrées par les parents et les enseignants

Lorsque parents et enseignants essaient de contrôler les enfants par des récompenses, ils se heurtent à de graves difficultés et la plupart abandonnent les récompenses pour se tourner vers les punitions. Les problèmes suivants surviennent souvent quand on emploie un système de récompenses.

Quand les récompenses n'ont plus de valeur

Rappelez-vous l'époque où vos parents vous promettaient des jouets à Noël si vous étiez sage pendant plusieurs mois. Or, la plupart des enfants ne peuvent rester sages pendant plusieurs mois de suite. En outre, comme la perspective de recevoir des jouets était très lointaine, cette promesse n'avait pas grand valeur. Au début de mon adolescence, mon père m'a promis une montre en or si j'attendais d'avoir 21 ans pour fumer. Mais cette promesse ne m'a pas empêché de fumer avant cet âge parce qu'à l'époque, une montre en or présentait peu d'intérêt à mes yeux, surtout si je devais attendre des années pour l'avoir. La cause : *une récompense très éloignée dans le temps a peu de valeur persuasive.*

Quand un comportement inacceptable est récompensé

Lorsque j'étais à l'école, plusieurs de mes professeurs avaient mis au point divers systèmes de récompenses pour m'amener à bien me conduire en classe. L'ennui, c'est que mes pitreries me valaient les rires et l'attention tout entière de mes camarades qui me récompensaient et renforçaient le comportement même que mon professeur jugeait inacceptable. Résultat : à chaque nouvelle année et ce, jusqu'à la fin de mes études secondaires, je *faisais de plus en plus* de bouffonneries. La cause : *les contrôleurs ne peuvent pas toujours empêcher les autres de récompenser un enfant dont ils jugent le comportement inacceptable.*

Quand les enfants peuvent obtenir leurs propres récompenses

Les récompenses sont inutiles lorsque les enfants en obtiennent suffisamment par eux-mêmes. En grandissant, les enfants trouvent de plus en plus de façons de satisfaire leurs besoins sans dépendre de leurs parents ou de leurs professeurs. « Si tu t'acquittes des tâches qui te sont assignées cette semaine, je t'emmènerai au cinéma samedi. » Voilà une promesse qui peut être efficace quand l'enfant est jeune. Mais quand il est assez grand pour gagner des sous et se déplacer à bicyclette, il peut aller voir tous les films qu'il aime sans se soumettre à ses parents. À l'âge de 9 ans, je gagnais de l'argent à chaque semaine en tondant le gazon des voisins ou en cueillant des fraises. Mes amis et moi pouvions toujours aller au cinéma du coin à bicyclette. La cause : *pour que les récompenses fonctionnent, les enfants doivent être incapables d'en acquérir par eux-mêmes ; ils doivent être dépendants, craintifs et démunis.*

Quand les récompenses semblent inaccessibles

Souvent on n'arrive pas à modifier le comportement de l'enfant parce que le prix qu'il doit payer pour obtenir la récompense promise est trop élevé. Ainsi, la moitié environ des étudiants reçoivent une note inférieure à la moyenne. Comme chacun sait, y compris les enseignants, qu'un A ou B n'a que très peu de valeur, sinon aucune, les étudiants cessent donc simplement de viser l'excellence, sachant pertinemment qu'ils ont très peu de chance d'obtenir une des rares notes supérieures allouées aux plus intelligents de la classe. La cause : *les enfants doivent voir la récompense comme un but accessible.*

Quand un comportement acceptable n'est pas récompensé

Il est absurde de s'attendre à ce que les parents suivent leurs enfants pas à pas afin de récompenser chacun de leurs comportements positifs. La plupart du temps, papa et maman sont trop occupés pour observer l'enfant, ou encore celui-ci est hors de vue. Toutefois, de l'avis des experts, il est absolument essentiel que le contrôleur récompense les comportements positifs, surtout au début. Les enseignants, qui ont habituellement la charge d'une classe entière d'enfants turbulents, ne peuvent évidemment pas souligner à mesure chaque comportement souhaitable. De même, il n'est pas toujours possible de se montrer constant dans l'attribution de récompenses. Avez-vous déjà entendu votre enfant se plaindre de la sorte : « L'autre jour, tu as remercié Mathieu de t'avoir aidée à transporter les sacs d'épicerie, mais je l'ai fait hier et tu n'as même pas remarqué ! » La cause : *un comportement non récompensé est beaucoup plus long à renforcer et cela prend beaucoup plus de temps pour qu'il devienne une habitude chez l'enfant.*

Quand les enfants travaillent dans le seul but d'obtenir une récompense

« Aimes-tu mon dessin ? »
« Trouvez-vous que j'épelle bien, madame ? »
« Ai-je été gentil aujourd'hui ? »
« As-tu remarqué que j'avais rangé ma chambre ? »
« J'ai mangé tous mes légumes ; puis-je avoir deux boules de crème glacée ? »

Voilà des messages indiquant que l'enfant apprend de ses parents et de ses professeurs qu'il doit *toujours s'attendre à être récompensé pour sa bonne conduite.*

Le système de notation a des effets pernicieux : certains étudiants se soucient davantage de leurs notes que d'accroître leurs connaissances ou leurs aptitudes. On appelle cela « travailler pour les notes », c'est-à-dire viser des récompenses *extrinsèques* plutôt que des récompenses *intrinsèques* (la satisfaction et le plaisir) inhérentes à l'accomplissement de ses travaux scolaires et du savoir acquis.

Poussée à l'extrême, cette attitude débouche sur la tricherie, le plagiat, le bachotage, le délayage des travaux et tout ce que les étudiants peuvent faire pour « obtenir de bonnes notes ».

Un jour, j'observais un petit enfant entièrement absorbé par la construction d'une maison complexe avec des blocs. L'enfant tirait une grande satisfaction à relever le défi de cette tâche et était manifestement récompensé (récompense intrinsèque) par sa propre performance. Toute évaluation ne pouvait se passer que dans le for intérieur de l'enfant.

Comparez cette situation à celle où l'enfant façonne un animal avec de l'argile en s'arrêtant à tout moment pour montrer son travail à ses parents et leur poser des questions comme : « Aimez-vous mon cheval ? » ; « Ai-je réussi la tête ? » ; « Est-ce que je travaille comme il faut ? » Certains enfants démontrent clairement que leur source d'évaluation se situe chez leurs parents ou leurs professeurs. C'est ce qu'en psychologie on appelle une « source d'évaluation externe ».

Les compliments jouent surtout le rôle de récompenses extrinsèques et leur effet sur les enfants est assez prévisible. Les enfants qui en reçoivent beaucoup apprennent à ne choisir que les activités qui plaisent à leurs parents, en évitant les autres. Bien que certains parents trouvent cette attitude souhaitable, nous savons que ces enfants ont ainsi beaucoup moins de chance de développer leur créativité et leur autonomie. Ils apprennent à se conformer plutôt qu'à innover et à suivre un modèle reconnu pour s'attirer des compliments.

L'abus des récompenses risque de former des enfants qui retirent peu ou pas de plaisir de leurs activités et de leurs réalisations *en l'absence* de récompenses ou de compliments.

Ils n'apprécient pas beaucoup les sports sauf si leur performance leur vaut des marques d'approbation, n'aiment pas étudier sauf s'ils obtiennent de bonnes notes et prennent peu de plaisir à rendre service sauf si on leur attribue certains « mérites » pour leur conduite. S'ils ne reçoivent aucune récompense, ces jeunes laissent tomber certaines occupations et se privent ainsi de la joie intrinsèque qu'apporte le fait d'exercer une activité pour le simple plaisir de la chose.

Le recours aux récompenses extrinsèques dans le but de contrôler ou de motiver les enfants, que ce soit sous forme de louanges, de notes, de privilèges spéciaux ou d'étoiles dorées, tend à saper la motivation intrinsèque de l'enfant, le poussant ainsi à abandonner l'activité en question. Non seulement les motivateurs extrinsèques sont inefficaces, mais ils sont également corrosifs en ce sens qu'ils grignotent la sorte de motivation qui constitue un véritable facteur de réalisation, de compétence et d'estime de soi.

Une étude confirme l'effet négatif de la compétition. Les élèves doivent résoudre un problème. Un petit nombre d'entre eux reçoit l'ordre de le résoudre plus vite que leurs voisins, ces derniers ne recevant aucune instruction. On chronomètre tous les élèves, puis on leur demande d'écrire avec quel degré d'enthousiasme ils ont essayé de résoudre le problème. Et le chercheur conclut. Voici la description de l'expérience :

> De nature extrinsèque, la rivalité tend à diminuer la motivation intrinsèque d'une personne… Il semble que lorsque des gens reçoivent l'ordre de rivaliser avec des adversaires au cours d'une activité donnée, ils voient celle-ci comme un outil pour gagner plutôt que comme une activité gratifiante en soi. (Deci *et coll.*, 1981)

L'effet destructeur des récompenses extrinsèques sur les élèves se confirme.

> Nous détruisons la passion désintéressée d'apprendre qui est innée chez les enfants et se montre si forte quand ils sont petits, en les encourageant au travail avec des récompenses mesquines et méprisables, telles que médailles d'or, bons points, tableaux d'honneur, mentions diverses, listes de mérite, etc. Bref, pour avoir l'ignoble satisfaction de se sentir meilleurs que les autres. (Holt, 1968)

La cause : *les récompenses, en particulier les compliments, peuvent créer une dépendance chez l'enfant et saper sa motivation.*

Quand l'absence de récompense apparaît comme une punition

Vous connaissez sans doute l'histoire de la femme qui, arborant un chapeau neuf, dit à son mari : « Tu ne m'as pas dit que j'avais un joli chapeau, c'est donc que tu le trouves horrible. » Il en va de même lorsqu'on emploie les compliments pour contrôler les enfants. Lorsqu'ils s'y habituent, ils s'inquiètent aussitôt qu'ils n'en reçoivent pas.

À l'école, lorsque les professeurs distribuent des récompenses généralement réservées aux sujets les plus brillants, la majorité des élèves subissent l'absence de récompenses comme une punition et cessent de faire des efforts. Cela explique aussi pourquoi certains enfants qui n'en reçoivent pas assez semblent quêter constamment les compliments des adultes.

Des expériences ont confirmé que l'effet des récompenses s'affaiblit avec le temps et que plus les parents sont prodigues de compliments, moins elles fonctionnent lorsqu'il s'agit d'inciter l'enfant à apprendre une tâche. Les enfants

« s'habituent » ou s'adaptent à une certaine quantité de compliments et leur portent une attention moindre.

> Pour que les compliments provenant des parents fonctionnent, ils doivent être utilisés avec parcimonie, augmentés petit à petit d'intensité ou de fréquence de manière à dépasser un niveau d'adaptation graduellement croissant chez l'enfant. L'emploi de récompenses entraîne des problèmes similaires. L'enfant qui en reçoit régulièrement finit par les attendre et voit leur absence comme une punition alors que leur présence ne lui apparaît plus comme une gratification. (Maccoby et Martin, 1983)

La cause : *l'absence de récompense peut être vue comme une punition ; des récompenses trop abondantes finissent par perdre leur effet.*

Une analyse plus approfondie du compliment

Les experts en modification du comportement soulignent la différence entre les renforcements (récompenses) primaires et secondaires. Les premiers sont ceux qui comblent les besoins fondamentaux de l'enfant, comme la nourriture, l'eau, l'affection, les caresses. La plupart des ouvrages destinés aux parents portant sur la gestion du comportement reconnaissent l'efficacité limitée de ce type de récompenses lorsqu'on veut maîtriser le comportement de l'enfant. Pourquoi ? Parce que la plupart des enfants plus âgés sont capables de satisfaire leurs besoins fondamentaux et que les adultes ne peuvent les contrôler en essayant de les priver comme ils le font avec les jeunes enfants. En outre, il est simplement cruel et vil d'exiger que l'enfant « mérite » sa nourriture ; aucun parent normal n'agirait ainsi, bien que les journaux rapportent parfois certaines histoires qui font exception.

Voilà pourquoi les adeptes du pouvoir-aux-parents conseillent aux parents dont les enfants ne sont plus des bébés d'employer plutôt les *renforcements secondaires* : attention, baisers et caresses, remerciements et surtout *compliments*.

> Les renforcements primaires sont plutôt limités, surtout dans le cas des enfants plus âgés qui vivent à la maison. En premier lieu, la nourriture n'agit plus à titre de renforcement et n'a aucune valeur de récompense sauf si l'enfant a faim… C'est pour cette raison, entre autres, que les renforcements primaires ne sont efficaces qu'avec les très jeunes enfants… Les renforcements secondaires englobent la plupart des bonnes choses de la vie : attention, compliments, félicitations, caresses et baisers. (Wright, 1980)

Le message des spécialistes du comportement est très clair : lorsque vous ne pouvez plus manipuler ni contrôler les enfants en refusant de satisfaire leurs besoins fondamentaux, ne vous découragez pas, car vous possédez encore beaucoup de pouvoir. Il vous suffit de vous concentrer sur d'autres besoins profonds des enfants tel leur désir d'acceptation, d'affection et d'attention. Mais ces récompenses secondaires confèrent-elles vraiment un si grand pouvoir aux parents et aux éducateurs ? Examinons cela de plus près en nous arrêtant plus particulièrement au compliment.

J'ai souligné plus tôt que pour contrôler un enfant au moyen de récompenses, il fallait qu'il désire ou ait suffisamment besoin d'une chose pour se soumettre à la volonté du contrôleur. Cependant, les enfants ont-ils besoin de compliments au point de se plier à la volonté de leurs parents et de leurs enseignants ? Par expérience, je vous dirai : « N'y comptez pas. » Surtout les enfants plus âgés.

La simple idée de manipuler les enfants au moyen de compliments est attrayante, n'est-ce pas ? Elle a l'air plutôt altruiste, et comment pourrait-on douter qu'elle rende service à l'enfant ? De plus, elle *semble* facile à appliquer et ne risque pas d'entraîner autant de culpabilité chez les adultes que la punition. Enfin, le compliment semble, de prime abord, une nécessité courante et souhaitée par tout le monde. C'est pourquoi on l'emploie abondamment. Et la plupart des adultes espèrent que le compliment incitera les jeunes à leur obéir. Comme le disait mon père : « Complimentez-les et ils feront tout ce que vous voulez. » Mais le feront-ils vraiment ?

J'en suis venu à croire qu'on a grandement exagéré la valeur du compliment en tant que moyen de contrôler les enfants parce qu'en général il est inefficace et destructeur pour la relation entre l'adulte et l'enfant. En outre, l'usage du compliment risque de développer un certain nombre de traits indésirables et asociaux chez les enfants.

Qu'est-ce qu'un compliment ?

Voici ma définition du compliment : message verbal qui communique un jugement positif sur une personne, son comportement ou une de ses réalisations.

Quelques exemples de messages élogieux :

« Tu as été un bon garçon [une bonne fille]. »
« Tu fais d'énormes progrès au tennis. »
« Tu as bien fait de refuser d'y aller. »
« Tu as une magnifique chevelure. »
« Tu fais de très belles peintures. »
« Tu as nettement amélioré ton jeu. »
« Tu réussis beaucoup mieux tes devoirs. »
« Tu es assez intelligent pour arriver parmi les premiers. »
« Tu as fait de l'excellent travail. »

Remarquez que tous ces messages renferment le pronom « tu », suivi d'une évaluation positive d'un aspect de la personne : son apparence, son comportement, ses réalisations, ses caractéristiques. Un peu plus loin, je comparerai ces messages « tu » avec une tout autre sorte de messages positifs que j'ai appelés messages « je ». Par exemple : « J'ai apprécié ton aide ce soir, car je suis épuisé. » Les messages « je » ne concordent pas avec ma définition du compliment et produisent rarement les effets négatifs qui sont fréquents dans le groupe des messages « tu ». Mais pour l'instant, voyons les problèmes inhérents à l'emploi du compliment pour contrôler les enfants.

Le motif caché de la plupart des compliments

Les parents, les professeurs et les adultes en général, on s'en souvient, emploient principalement le compliment dans le but de susciter un changement précis chez l'enfant : étudier davantage, continuer de bien travailler, bien se conduire, bien s'habiller ou adopter tout autre comportement désiré. Leur but est de renforcer (récompenser) un comportement qu'ils jugent approprié et correct. Donc, chaque compliment ou presque cache le désir inavoué de l'adulte de changer l'enfant. Je parle de « motif caché » parce que l'adulte ne manifeste presque jamais ouvertement son intention.

Lorsqu'un père dit à sa fille de 12 ans : « Tu es tellement jolie dans cette robe », il peut cacher l'arrière-pensée suivante : « Je préférerais te voir porter des robes plutôt que ces affreux jeans. » Lorsqu'un professeur dit à sa classe : « Vous avez été très calmes et très studieux aujourd'hui », il dit en fait : « Pourquoi ne vous comportez-vous pas ainsi tous les jours ? ».

Je me rappelle la fois où mon père nous a dit, à mon frère et à moi : « Vous avez fait de l'excellent boulot dans la cour aujourd'hui. » Nous savions bien que papa utilisait le principe éprouvé que j'ai mentionné. « Complimentez-les et ils feront tout ce que vous voulez. »

Donc, les adultes ne visent pas uniquement le bien-être de l'*enfant* lorsqu'ils le complimentent. Ils souhaitent surtout déclencher un changement de conduite qui les satisfera, eux. Ce qu'ils veulent, c'est une cour en ordre, une jeune fille habillée selon le goût de ses parents, une classe studieuse. Mais, en général, les enfants voient clair et devinent l'intention cachée des adultes.

Le compliment est donc souvent pratiqué pour la commodité, le plaisir ou l'avantage de son auteur. Un parent ou un professeur qui l'emploie *peut* vouloir que l'enfant se sente bien, mais en général il veut surtout changer l'enfant pour son propre bien-être. Les jeunes perçoivent ceux qui emploient le compliment à cette fin comme des manipulateurs, des contrôleurs quelque peu malhonnêtes.

Dans le cadre d'une étude, trois chercheurs se sont penchés sur les causes de la réussite scolaire.

Les enfants ayant une mère très affectueuse, qui les laisse exprimer leur agressivité obtiennent d'excellents résultats, contrairement aux enfants que leur mère punit souvent sans leur donner d'explication. Le fait le plus étonnant, c'est que les enfants souvent complimentés par leur père ne réussissent pas très bien, surtout en sciences et en lecture. L'explication des chercheurs : *le parent qui complimente sans cesse son enfant vise à rendre celui-ci plus docile. L'enfant ne croit pas mériter ces compliments qu'il juge d'ailleurs non sincères.* (Barton, Dielman et Cattell, 1974)

Le compliment peut véhiculer une critique

L'intention de changer les enfants, que cache souvent le compliment, comporte une critique sous-jacente, comme l'illustre le dialogue ci-dessous.

Mère : Tu conduis beaucoup plus prudemment aujourd'hui.
Jeanne : Que veux-tu dire par là ? Je suis toujours prudente.
Mère : Ce n'est pas mon avis.
Jeanne : En quoi ma conduite est-elle dangereuse, dis-moi ?

Des échanges de ce genre ne sont pas rares dans les familles. Le parent fait un compliment ; l'enfant entend une critique et sent le désir inexprimé du parent de le changer. Souvent manipulateur, le compliment reflète un désir indirect et inexprimé de façonner ou de contrôler le comportement inacceptable de l'enfant en mettant en relief un comportement acceptable. Plus l'enfant reçoit de compliments doublés d'une critique implicite, plus il saisit les intentions réelles de ses parents.

Comme la plupart des gens, les enfants n'aiment pas être manipulés et détestent les efforts déguisés que déploient les adultes pour les contrôler, surtout par des messages contenant des critiques subtiles et indirectes. En fait, lorsqu'ils identifient la critique cachée derrière le compliment, ils ne font pas attention à l'affirmation positive : « Tu conduis plus prudemment aujourd'hui. » Au lieu d'être heureuse du compliment, Jeanne se sent critiquée, elle se défend et en veut à sa mère. Il est fort probable qu'elle oubliera le compliment pour ne se souvenir que de la critique.

Contrairement à ce que pensent la plupart des gens, le compliment renferme souvent un élément de *non-acceptation.* Lorsqu'un professeur dit à son élève : « Tu as bien compris la leçon aujourd'hui parce que tu as été attentif », l'enfant comprend que la plupart du temps il est *distrait* et que son professeur n'aime pas cela.

Les louanges peuvent aussi faire en sorte que l'enfant se sente inférieur à l'adulte, qu'il se sente jugé. Par expérience, je sais que lorsque j'assume le rôle de juge et d'évaluateur dans une relation, c'est qu'au fond je me sens supérieur à l'autre personne. En fait, j'affirme que je suis plus avisé et plus sage. Si je dis à ma fille : « Chérie, tu as bien joué au tennis aujourd'hui », je sous-entends que je suis qualifié pour juger sa performance, en tout cas plus qu'elle. Mieux vaudrait que je dise : « J'ai dû déployer beaucoup d'efforts et faire preuve de génie pour jouer contre toi aujourd'hui. »

Pour comprendre comment le compliment place son auteur au-dessus de son interlocuteur, imaginez que vous venez juste d'entendre jouer un célèbre violoniste alors que vous n'avez jamais touché un violon de votre vie. Vous vous couvririez de ridicule si vous lui disiez : « Votre technique était irréprochable et votre interprétation des plus brillantes. » Tout comme moi, vous ne feriez jamais ce compliment, sachant que vous n'êtes pas qualifié pour juger un violoniste mille fois plus doué que vous. À ce message, préférez celui-ci : « J'ai beaucoup aimé votre concert ce soir » ou « Je suis plein d'admiration pour votre talent ».

Lorsqu'on fait un compliment, on risque de paraître supérieur, ce qui suscite un sentiment d'infériorité chez l'enfant.

Il arrive également que les adultes complimentent l'enfant avant de le critiquer :

> « Solange, tu t'es beaucoup améliorée, mais tu as encore du chemin à faire. »
>
> « Pierre, c'est gentil d'avoir lavé la vaisselle, mais tu ne l'as pas rangée. »

Il n'est pas rare qu'en réaction à ces doubles messages, l'enfant n'entende pas (ou oublie) l'évaluation positive pour ne réagir qu'à la critique.

Il existe une variante de ces messages adoucissants qui porte le nom de « technique du sandwich » que l'on recommande malheureusement souvent comme une manière appropriée de traiter les jeunes. Elle consiste à glisser une critique entre deux compliments :

> « Catherine, tu fais beaucoup d'efforts actuellement, mais tu commets encore des étourderies en arithmétique. Or, je sais que tu peux faire n'importe quoi quand tu t'y mets. »
>
> « Marc, tes dents sont beaucoup plus propres qu'il y a un mois, mais tu oublies encore de les brosser certains soirs. Tu es assez intelligent pour savoir que les aliments qui demeurent entre tes dents toute la nuit peuvent causer des caries. »
>
> « Tu as fière allure ce soir, Philippe. Bien sûr, ce serait encore mieux si tu te donnais un coup de brosse, mais tu as vraiment amélioré ton apparence. »

Les jeunes considèrent facilement cette technique pour ce qu'elle est, soit une tentative indirecte (donc manipulatrice) de les contrôler. Lorsqu'ils reçoivent ce type de message de leurs parents ou de leurs professeurs, ils comprennent que leur *véritable* intention est de les critiquer et de mettre en relief leur comportement *inacceptable* et non de louanger leur comportement acceptable.

C'est pourquoi les parents et les enseignants qui emploient fréquemment cette technique courent le risque d'être perçus par les enfants comme des personnes manipulatrices, indirectes, non sincères et parfois tout à fait malhonnêtes !

Quand le compliment ne correspond pas au jugement de l'enfant

Il est étonnant de voir la fréquence avec laquelle les enfants rejettent les compliments des adultes lorsqu'ils ne correspondent pas à leur propre évaluation de la situation. Voici des exemples :

Mère : Ton château de sable est magnifique.
Jacquot : Non, il n'est pas très beau. Celui de Lulu est plus joli.

Père : Tu fais de réels progrès, Julie. Bientôt, tu mettras le ballon dans le panier.
Julie : Oh ! papa, je suis nulle et tu le sais très bien. Je ne serai jamais bonne au basket-ball.

Lorsque le compliment apparaît « simplement faux » aux yeux de l'enfant, il y a des risques pour que celui-ci se mette à douter de l'intégrité de l'adulte. Combien de fois n'avez-vous pas entendu les réponses ci-dessous en réaction à un compliment ?

« Ce n'est pas si bon *que ça*. »
« Je pense que c'est affreux. »
« Je ne suis *pas* jolie. »
« Tu dis cela pour me faire plaisir. »
« Qu'est-ce que tu en sais ? »
« Je *déteste* mon dessin. »
« J'aurais pu faire beaucoup mieux. »

Lorsqu'un compliment ne concorde pas avec la perception de l'enfant, celui-ci aura l'impression que l'adulte nie ses sentiments et ne le comprend pas. Cela est particulièrement vrai lorsque l'enfant a déjà exprimé des sentiments négatifs à propos de sa performance ou de ses progrès. Le compliment peut alors constituer une barrière et empêcher la communication entre le parent et l'enfant. Lorsque les enfants pensent que leurs parents ou leurs professeurs ne comprennent pas vraiment la profondeur de leur malaise, ils se découragent et n'expriment plus rien. Les adultes qui prodiguent beaucoup de compliments manquent ainsi d'innombrables occasions d'aider les enfants. Dans le dialogue ci-dessous, remarquez comment les compliments formulés par la mère de Suzie mettent celle-ci sur la défensive et l'empêchent finalement de parler du grave problème dont elle souffre à l'école :

Suzie :	Je voudrais retourner à l'école primaire.
Mère :	Pourquoi, ma chérie ?
Suzie :	Je n'ai pas d'amies proches au secondaire, excepté Danielle.
Mère :	Je parie que bien des filles de ta classe aimeraient devenir ton amie.
Suzie :	Alors, dis-moi, pourquoi est-ce que je n'ai pas d'amies ?
Mère :	Cela prend toujours un peu de temps quand on est nouvelle. Tu finis toujours par obtenir ce que tu veux. Essaie d'être plus amicale et plus sociable.
Suzie :	Maman, tu ne comprends pas ! J'ai essayé. Je ne veux plus en parler.

Lorsqu'une personne exprime un problème, tout compliment constitue pour elle un obstacle. La prochaine fois qu'une personne vous parle d'un problème, émettez un jugement positif sur elle, puis voyez comment vos compliments bloquent toute communication. Écoutez avec une attention particulière les réactions défensives que vous susciterez inévitablement chez elle. Vous verrez que les compliments coupent son élan. En effet, les personnes malheureuses ou déçues d'elles-mêmes ou des événements de leur vie voient toute évaluation positive comme une négation de leurs véritables sentiments du moment qui sont, bien sûr, loin d'être positifs. C'est pourquoi les compliments provoquent souvent des réactions comme :

« Tu ne comprends pas vraiment. »
« Tu ne dirais pas cela si tu savais ce que je ressens. »
« C'est facile pour toi de parler ainsi. »
« Je voudrais bien avoir ton optimisme. »

Les compliments intensifient la rivalité entre frères et sœurs

Vous vous souvenez peut-être de votre réaction lorsque vous étiez enfant et qu'on complimentait l'un de vos camarades de classe, votre frère ou votre sœur, et pas vous. Vous éprouviez peut-être de la jalousie, ou du ressentiment. L'absence de compliment ou d'approbation peut être vécue comme un rejet : « Tu ne m'aimes pas autant que Jérôme ! »

Dans les familles où les parents prodiguent beaucoup de compliments, il existe habituellement une forte concurrence entre les enfants : « Mon dessin est plus joli que le tien. » Les enfants emploient parfois des mensonges afin de s'élever aux yeux de leurs parents et de rabaisser leur frère ou leur sœur : « Michèle a gagné au Monopoly, mais elle a triché ! »

Comme il est presque impossible pour les parents ou les enseignants de répartir leurs compliments équitablement en tout temps, les enfants trouvent parfois que les adultes sont injustes ou qu'ils ont des chouchous : « Pourquoi as-tu complimenté Éric alors que mon cerf-volant est allé beaucoup plus haut ? ».

Personnellement, j'éprouve une profonde tristesse lorsque je me rappelle que mon frère aîné, John, recevait beaucoup moins de compliments que moi. Je comprends aujourd'hui combien il a dû en souffrir. Il a passé la plus grande partie de son adolescence et de sa vie adulte à chercher désespérément l'approbation des autres, sans grand succès. Il a toujours cru que j'étais le chouchou de nos parents et lui, le mouton noir de la famille. Il avait une piètre estime de lui-même. Et je sais qu'une grande partie de cette souffrance aurait pu être évitée si mes parents avaient été conscients des dangers inhérents au compliment.

Le compliment freine la capacité de prendre des décisions

À mesure que les enfants grandissent et doivent prendre des décisions importantes, une forte dépendance envers l'approbation parentale peut desservir leurs intérêts. Bien des choix de carrière désastreux sont fondés sur l'ambition des parents. « Mes parents voulaient que je devienne avocat, mais j'aurais préféré être acteur. » La plupart des parents souhaitent sincèrement voir leurs enfants devenir autonomes et faire des choix satisfaisants à long terme. Pourtant, ils ne se rendent pas compte que le compliment peut inhiber l'assurance de l'enfant, sa capacité de prendre des décisions, en l'incitant à faire des choix pouvant leur plaire.

Des solutions de rechange efficaces

Il est tout à fait naturel que les propos ou les actes des enfants suscitent parfois un fort sentiment positif en nous, un sentiment d'appréciation, de soulagement, d'émerveillement, de surprise, de plaisir ou d'amour. Comment réagir alors sans recourir au compliment ni courir les risques que je viens d'énumérer ? Il existe, en effet, quelques solutions de rechange risquant moins d'entraîner des effets négatifs sur nos relations.

Le message « je »

Émettre un message clair exprimant précisément notre réaction face au comportement de l'enfant, un message « je » d'appréciation plutôt qu'un compliment, fait une différence considérable. Ces *messages* sont précis, révélateurs et expriment clairement ce qui se passe *à l'intérieur de soi* :

> « Je me sens bien lorsque tu… »
> « J'ai été agréablement surprise lorsque tu… »
> « J'ai été soulagée de voir que tu… »
> « J'ai beaucoup apprécié que tu… »
> « J'ai été enthousiasmé lorsque tu… »

Le compliment concerne habituellement l'autre personne, ce qu'elle a dit ou fait, son apparence. Sous la forme de message « tu », il comporte un jugement de valeur.

> « Tu as fait de l'excellent travail. »
> « Tu es vraiment bien organisé. »
> « Ton discours était excellent. »
> « Tu as un teint merveilleux. »

Par ailleurs, le message « je » communique nos sentiments à l'enfant sans porter de jugement de valeur. Cette différence est cruciale, car dans le compliment, c'est le jugement de valeur qui cause des difficultés. Comparons ces différences :

Situation : votre enfant de 7 ans joue calmement pendant que vous conversez avec une amie :

« Tu as été très gentil pendant la visite de Mme Caron. » (compliment)

« J'ai bien apprécié de pouvoir parler calmement avec Mme Caron. » (message « je »)

Situation : votre fils de 12 ans range la maison après la fête donnée pour son anniversaire.

« Tu as été très gentil de tout nettoyer après la fête. » (compliment)

« Je suis très soulagée de voir que tu as tout nettoyé. J'aime une maison propre. Et maintenant je peux me reposer. » (message « je »)

Pour vous faire la main et apprendre à formuler des messages « je », voici un exercice. À gauche vous avez des compliments typiques, des messages « tu » comportant des jugements de valeur. Lisez chaque message, puis écrivez à droite un message « je » qui exprime clairement à votre enfant ce que son comportement suscite en vous dans la situation donnée. Exprimez ce que vous ressentez face au comportement de l'enfant et expliquez l'effet tangible et concret de son geste sur vous. Lisez d'abord l'exemple donné, puis faites l'exercice.

Message « tu »	**Message « je »**
1. « C'est très gentil de ta part de mettre ta vaisselle dans le lave-vaisselle. »	1. « Je suis content de voir ta vaisselle du petit déjeuner rangée ; cela m'épargne du travail. »

2. « Tu prends de plus en plus tes responsabilités quotidiennes en ce qui concerne les ordures. »	2.
3. « Tu as bien fait de ne pas aller à cette soirée, sachant qu'on y boirait de l'alcool. »	3.
4. « Tu t'es comportée comme une vraie dame en suspendant les manteaux des invités dès leur arrivée. »	4.
5. « Tu es bien meilleur perdant maintenant lorsque nous jouons à des jeux de société. »	5.

Certes, un message « je » doit être *plausible* aux yeux de vos enfants. Il doit être sincère et franc, et exprimer vos véritables sentiments dans toute leur intensité du moment. Le message « je » d'appréciation répond généralement à ces critères lorsqu'il est spontané, authentique et sans intention cachée. Spontané, il reflète vos sentiments du moment ; il n'est pas planifié ni prévisible. Authentique, il exprime vos sentiments profonds. Si vous dites : « Je suis si heureuse que tu aies souligné mon anniversaire en m'achetant une jolie carte ! » soyez certaine de ne pas éprouver une légère déception parce que votre enfant ne vous a pas offert de présent ! Enfin, « exempt d'intention cachée », votre message « je » n'a pas pour but d'éduquer, de prêcher, de juger ou d'amener l'enfant à modifier son comportement, comme le font évidemment les messages doubles ci-dessous :

> « J'aime beaucoup ta coiffure ce soir. Elle me plaît davantage que celle que tu portes habituellement. »
> « Je suis heureux de voir que tu prends enfin sur toi d'effectuer les tâches qui t'incombent dans la maison. »
> « J'apprécie vraiment que tu prennes le temps de finir ce que tu as commencé ; c'est mieux qu'avant. »
> « Quand je vois ces notes, je suis vraiment fier de toi. »

L'écoute active

L'écoute active, autre solution efficace, est une réaction verbale qui exprime tout simplement une compréhension empathique et une acceptation de ce que l'enfant exprime ou vit. On écoute d'abord attentivement, puis on démontre par ses paroles qu'on a compris son message. Voici un dialogue entre une mère qui écoute son enfant qui est fier de ses progrès :

Thomas : Est-ce que j'ai fait des progrès pour tenir ma chambre en ordre ?
Mère : On dirait que toi, tu crois en avoir fait, Thomas, n'est-ce pas ?
Thomas : Ouais, c'est un peu mieux que c'était.
Mère : Tu vois *quelques* améliorations ?
Thomas : Ouais, mais j'oublie encore de vider ma corbeille à papier.
Mère : Tu es déçu d'avoir oublié cette tâche-là en particulier ?
Thomas : Oui. Je suppose que j'ai besoin de quelque chose qui m'y ferait penser. Je vais m'écrire une note pour me la rappeler.

Dans ce dialogue, la mère de Thomas adopte une position très spéciale puisqu'elle évite de juger et de louanger l'état de la chambre de son fils. Elle se contente plutôt de refléter les sentiments de Thomas en reformulant ses paroles telles qu'elle croit les avoir entendues : « *Tu* crois avoir fait des progrès » ; « *Tu* vois quelques améliorations » ; « *Tu* es déçu d'avoir oublié de faire cette tâche-là ».

Elle aurait pu complimenter son fils en disant : « Oui, je constate de réels progrès et je suis fière de toi, Thomas. » Elle a plutôt choisi d'écouter et de reconnaître les sentiments de son fils. Cela lui a également permis d'en apprendre davantage sur ce qui le dérangeait, alors que des compliments auraient probablement coupé la conversation. Ses réponses témoignent de son « écoute et de sa compréhension ». Elle écoute attentivement, puis reflète dans ses propres mots ce que son enfant a exprimé. Dans ce cas, l'écoute active a entraîné Thomas à résoudre son problème.

Quand choisir l'écoute active plutôt que le message « je » ? L'écoute comporte d'importants avantages dont l'un est illustré dans ce dialogue. Thomas a d'abord demandé l'opinion de sa mère pour ensuite évaluer lui-même ses propres progrès. Grâce à l'écoute active, sa mère lui a efficacement renvoyé la balle et lui a permis de s'évaluer ainsi lui-même.

Laisser l'enfant s'auto-évaluer a deux avantages. L'écoute incite l'enfant :

1. à trouver lui-même la solution à son problème ;
2. à être responsable, ne pas dépendre du parent et résoudre lui-même ses problèmes.

En résumé, les récompenses et les compliments visant à se faire obéir des enfants comportent des risques réels. Vous n'êtes pas un expert de la modification du comportement et cette méthode est longue et complexe. Vos enfants devineraient vos intentions et vous trouveraient manipulateurs et indirects, car ils verraient pondre votre autorité dans vos compliments. Vous provoqueriez des comportements déplorables chez vos enfants, tels que la dépendance, la jalousie, la rivalité entre frères et sœurs. De plus, vos enfants se sentiraient jugés, ce qui empêcherait une communication franche et ouverte entre vous ; et vous manqueriez d'innombrables occasions d'aider votre enfant à s'évaluer lui-même, à se diriger et à résoudre ses problèmes.

Rappelez-vous également que vos enfants apprécieront énormément que vous exprimiez clairement vos sentiments, sans les juger et sans vouloir les changer dans les occasions où vous les observerez en train de faire ou de dire quelque chose qui suscite en vous un sentiment inhabituel de chaleur, d'appréciation ou d'amour. Ils seront sûrs que vous ne cherchez pas à les manipuler dans ces moments-là ; et alors vos paroles les influenceront certainement ! Comme vous le savez, on ne planifie pas ce genre de message spontané. Et ne vous inquiétez pas si vous ne formez pas toujours le message « je » parfait.

« Je suis ravi de te voir dans cette robe ! »
« J'adore regarder cette peinture que tu as faite. »
« Tu as fait la vaisselle pendant que je faisais les courses. Ça m'accommode ! »
« Ta sensibilité me rassure. »
« Ah ! cette coiffure me plaît ! »

Chapitre quatre

Pourquoi les punitions sont inefficaces

Les recherches démontrent que 84 % à 97 % des parents affirment avoir employé des châtiments physiques à un moment ou l'autre de la vie de leurs enfants. Les mères qui frappent leurs enfants le font plus d'une fois tous les deux mois. Les corrections infligées aux enfants ne sont donc pas rares. (Straus, Gelles, Steinmetz, 1980)

Ce phénomène aussi répandu confirme l'inefficacité des récompenses. Dans la plupart des foyers, les parents se rendent compte qu'il ne sert à rien de récompenser les comportements *désirables*. Ils abandonnent alors cette méthode et punissent plutôt les comportements *indésirables*.

Par ailleurs, nombre de parents ont recours à d'autres formes de châtiment non physiques : confiner l'enfant à sa chambre, l'envoyer au lit l'estomac vide, lui imposer des corvées supplémentaires, l'empêcher de sortir, ne pas lui adresser la parole, le priver de son jouet favori ou de sa bicyclette, le forcer à manger ou à demeurer à table tant qu'il n'a pas fini son assiette, l'insulter, l'humilier devant ses amis, crier après lui, l'ignorer. Presque tous les parents ont recours à une forme de punition pour se faire obéir.

Dans les écoles, on emploie aussi d'autres formes de punition non physiques : proférer des insultes, maudire l'enfant ou crier après lui, se moquer de son apparence ou d'un handicap, ignorer délibérément un enfant qui a besoin d'aide, le railler ou le rabaisser, punir la classe entière pour le comportement d'un élève, désigner un enfant comme bouc émissaire, s'ingérer dans ses relations personnelles.

Parents et enseignants disposent d'innombrables moyens de punir les enfants et ils en usent fréquemment. Mais peut-on prouver l'efficacité de ces moyens ?

La punition semble produire des résultats à court terme. L'enfant s'assagit après avoir été giflé par un parent en colère. La menace de punition brandie par le professeur permet de calmer temporairement les élèves chahuteurs. Donc, punitions et menaces modifient le comportement de l'enfant à certains moments. Toutefois, comme avec les récompenses, certaines conditions précises doivent être réunies pour que la punition soit efficace et qu'elle le demeure pendant un certain temps. Or, qu'on soit parent ou enseignant, il est très difficile de respecter ces conditions.

Pour qu'une punition fonctionne, il faut posséder une certaine connaissance technique

Comme la récompense, la punition doit être administrée avec un savoir-faire considérable pour donner des résultats. Alors, la plupart des parents et des enseignants ont peu de chances d'employer la punition avec succès, car ils n'ont pas la compétence nécessaire pour appliquer cette méthode hautement technique. Voici quelques règles techniques :

1. Un comportement déjà puni doit être systématiquement puni.
2. La punition doit suivre immédiatement le comportement indésirable.
3. La punition ne doit pas être infligée en présence des autres enfants, par crainte de gêner l'enfant pris en faute et de le rendre agressif envers l'adulte.

> 4. La personne qui punit doit veiller à ce que le comportement fautif ne soit jamais récompensé.
>
> 5. Les enfants ne doivent pas être punis trop sévèrement ni trop souvent, car ils risqueraient de se replier sur eux-mêmes (cesser de faire des efforts, quitter la pièce ou l'école, s'enfuir de la maison, abandonner l'équipe, s'évader dans l'alcool et les drogues).

Ce ne sont pas là des règles faciles à suivre tant pour les parents que pour les enseignants.

Prenons la première règle : *une fois puni, toujours puni.* La plupart des enseignants violent ce principe tous les jours et on comprend aisément pourquoi. En effet, comment un professeur peut-il punir *chaque* enfant qui chuchote, *chaque* fois que cela se produit ? S'il agissait ainsi, il n'aurait plus le temps d'enseigner ! De plus, la plupart des enseignants ignorent certains comportements perturbateurs les jours où ils se sentent en forme et les punissent les jours où ils sont plus nerveux. Ils manquent donc de cohérence, mais n'est-ce pas le lot de la plupart des humains ?

Voyons la deuxième règle : *punir rapidement.* Les experts de la modification du comportement s'accordent pour dire qu'une punition est le plus efficace lorsqu'elle sanctionne immédiatement le comportement indésirable. Tout retard réduit son efficacité. (Asrin et Holz, 1966)

> Il faudrait que les enseignants soient toujours sur le qui-vive et prêts à agir dès qu'ils détectent un comportement indésirable. On peut se demander comment une telle attitude influencerait le déroulement des cours… Les recherches disponibles sur les châtiments corporels infligés dans les écoles laissent croire que ceux-ci n'entraînent pas de modification durable du comportement ; ils sont potentiellement nocifs tant pour les élèves que pour le

> personnel et très peu réalistes, vu les contrôles nécessaires pour assurer leur efficacité maximale… La punition corporelle apparaît donc comme peu réaliste, longue à appliquer et contraire aux objectifs de l'enseignement. (Bongiovanni, 1977)

Que doit alors faire un enseignant qui, en regardant par la fenêtre de sa classe, voit un enfant en frapper un autre ? De l'avis des experts, le temps qu'il se rende dehors, il sera déjà trop tard pour punir l'enfant. Mais, même si le professeur était champion coureur et atteignait l'enfant en quelques secondes, il le punirait en présence de ses camarades, transgressant ainsi la règle n° 3 : *ne pas punir en présence des autres.*

Voyons la quatrième règle : *ne jamais récompenser un comportement indésirable.* Il est difficile d'employer la punition avec cohérence. Que dire alors des dangers de l'incohérence entre deux contrôleurs ? Prenons la situation suivante : Maman punit Laurent, son fils de 7 ans, parce qu'il fait de la planche à roulettes dans la rue. Trois jours plus tard, Laurent montre à son père les trucs qu'il a appris à faire avec sa planche à roulettes dans la rue. Fier de lui, son père s'écrie : « Magnifique ! Ces pirouettes ne sont pas faciles à faire pour un gamin de ton âge. » Laurent a sa récompense. Mais cela viole la règle n° 4.

À l'école, des incohérences semblables ne sont pas rares entre les divers enseignants. Chaque élève apprend très tôt que certains profs sont sévères et d'autres plus tolérants. Un comportement puni dans une classe peut être récompensé dans une autre : aider les autres à faire leurs devoirs, raconter une blague, faire rire ses camarades. Tout cela a pour conséquence d'affaiblir drôlement l'effet de la punition.

Voyons la cinquième règle : *les punitions trop fréquentes ou trop sévères peuvent pousser l'enfant à se replier sur lui-même.*

Les psychologues emploient souvent des rats blancs comme sujets de leurs expériences. Dans l'une d'entre elles, ils observent comment les rats apprennent à sortir d'un labyrinthe. Invariablement, les rats s'en sortent lorsqu'on les récompense avec de la nourriture à la sortie. Il y a quelques années, un psychologue curieux a imaginé d'accélérer le temps d'apprentissage des rats en complétant la récompense avec quelques punitions. Il a donc placé des grilles électrifiées à l'entrée de chacune des impasses du labyrinthe. Ainsi les rats recevaient un léger choc électrique chaque fois qu'ils empruntaient un mauvais chemin. Évidemment, ils ont appris à sortir du labyrinthe beaucoup plus rapidement que leurs homologues qui dépendaient de la seule récompense. Satisfait, le chercheur en a déduit qu'il pouvait réduire encore davantage le temps d'apprentissage des rats en augmentant la force des chocs électriques, rendant ainsi la punition assez douloureuse.

Mais il n'a pas obtenu les résultats escomptés puisque les rats ont abandonné leurs efforts. Ils se couchaient à divers endroits du labyrinthe, peu motivés à se soumettre à d'autres punitions douloureuses. Les chiens font de même : lorsqu'on les punit trop sévèrement, ils se cachent sous le lit, rampent sous la galerie ou s'enfuient.

Il en est de même avec les jeunes. Si on les punit trop sévèrement ou trop souvent, ils chercheront des moyens de s'évader ou s'enfuiront lorsqu'ils seront assez âgés. Les décrocheurs sont presque toujours des élèves qui, suite à des punitions psychologiques ou physiques, ont renoncé à essayer, ou par désir de fuir la punition quotidienne que représentent les échecs, les réprimandes du professeur et les railleries de leurs camarades. Sévèrement punis, ils se tournent souvent vers l'alcool ou la drogue pour fuir ces expériences pénibles.

« La punition est acceptable pour autant qu'elle soit légère », dit-on !

Les adeptes de la punition ne manquent jamais d'affirmer que leurs punitions sont légères, bénignes, données avec amour ! Ils soutiennent aussi qu'une punition sévère serait cruelle et inhumaine (et non aimante). Cette attitude confère certainement aux adeptes de la punition une apparence d'autocratie bienveillante. Or, nous avons de bonnes raisons de mettre en doute la sagesse de leur conseil.

Tout d'abord, les chercheurs ont découvert qu'une punition légère n'a pas d'effet dissuasif. Les parents et les enseignants qui administrent une punition légère constatent avec exaspération que l'enfant reprend le comportement inacceptable comme si de rien n'était.

Prenons l'exemple suivant : Laure arrache le camion des mains de son frère. Sa mère lui donne une tape sur le poignet et rend le camion à son frère. Laure a l'air surprise, mais elle s'empare de nouveau du camion en souriant à sa mère d'un air coupable.

Dans ce cas, la tape était plus faible que son besoin de posséder le camion. Cela n'a pas dissuadé Laure d'agir à sa guise. Dès lors, sa mère affronte le dilemme suivant : ou elle inflige à Laure une punition plus sévère, ce que la plupart des parents n'aiment pas faire, ou elle renonce et offre au petit frère un autre jouet. Cette dernière stratégie parviendra peut-être à calmer le petit frère, mais elle montre à Laure qu'elle peut s'en tirer en prenant le jouet d'un autre (récompense).

Deux solutions de rechange non punitives (que je décrirai et illustrerai plus en détail dans le prochain chapitre) s'offrent à la mère de Laure : elle confronte Laure avec un message « je » (« Je n'aime pas voir Sébastien triste lorsque tu lui enlèves son camion ») ; ou elle peut aider Laure et Sébastien à utiliser une méthode de résolution de conflit sans perdant, décrite au chapitre 7.

En fait, les psychologues vous diront qu'une punition légère contribuera à *renforcer* le geste de Laure puisqu'elle obtient ainsi l'attention de sa mère. Les enseignants font face quotidiennement à ce dilemme, comme l'illustre l'incident suivant.

Simon se trouve près du taille-crayon où il taille à grand bruit son nouveau crayon jusqu'à ce qu'il soit plus court que son petit doigt, au grand plaisir de ses camarades. Exaspéré, son prof lui commande d'un ton sec de retourner à sa place, sinon il devra rester après l'école. L'air sérieux, Simon l'informe qu'il ne lui reste qu'un crayon à tailler et s'exécute pendant que la classe pouffe de nouveau de rire.

Même si le professeur met sa menace à exécution et garde Simon après l'école, cette punition n'aura sans doute aucun effet dissuasif puisque les rires de ses camarades font plaisir à Simon. Il apprend qu'il est amusant de capter l'attention de ses camarades en faisant des pitreries et que cela ne lui fait souffrir qu'une légère privation temporaire. Aux yeux de Simon, la punition vaut largement le crime commis, réaction très courante chez les enfants faiblement punis.

Une étude a démontré l'inutilité des punitions légères. On a observé 16 bébés de 14 mois qui jouaient en présence de leur mère, remarquant chaque objet saisi par les enfants et les tentatives de leur mère pour les en empêcher. Tant à court qu'à long terme, ni l'emploi d'un châtiment physique immédiat (légère tape sur la main) ni l'emploi de ce châtiment après avoir essayé de distraire l'enfant n'ont été efficaces. Les bébés punis étaient plus susceptibles d'empoigner les objets fragiles et moins portés à obéir aux restrictions. Enfin, un test visant à évaluer le développement de ces bébés a eu lieu sept mois plus tard : les bébés punis ont obtenu des résultats moins élevés que ceux qui n'avaient pas ou presque pas été corrigés ! Au dire des chercheurs, ils étaient « moins curieux, ce qui limitait le développement de leurs aptitudes visuelles et spatiales et de leur capacité de résoudre des problèmes ». (Power et Chapieski, 1986)

Les risques inhérents aux punitions sévères

Tous les parents et les enseignants sont tentés d'infliger une punition plus sévère lorsque la punition légère s'avère inefficace. Réagissant habituellement avec colère à une conduite qui ressemble à de la « désobéissance » ou à de l'« entêtement », les adultes sont tentés de prendre les « grands moyens ». Si ces moyens sont inefficaces, ils appliqueront des mesures encore plus sévères. Alors le risque de causer des blessures augmente et on approche de la zone critique de la « violence faite à l'enfant ».

Au nom de la discipline et plus souvent qu'on le pense, parents et enseignants infligent parfois de graves blessures physiques aux enfants. Environ 4 % des enfants risquent d'être *gravement* blessés *chaque année* aux États Unis par des parents recourant à au moins l'une des formes de punitions suivantes : coups de pied, morsures, coups de poing, brûlures, raclées et menaces d'employer ou emploi de fusils ou de couteaux. (Straus, Gelles et Steinmetz, 1980)

> Les châtiments peuvent entraîner des blessures sérieuses.
>
> *Coups à la tête :* hématomes exigeant l'intervention d'un chirurgien afin de prévenir le décès, commotion cérébrale, contusions cérébrales, encéphalite traumatique, fracture du crâne, oreille en chou-fleur, hémorragie de la rétine, maladie de Pick.

Secousses : lésion du rachis cervical et de la moelle, fractures par tassement des vertèbres.

Coups à l'estomac et au ventre : contusions pulmonaires, collapsus pulmonaire, fractures multiples des côtes, choc hémorragique pouvant entraîner la mort en quelques minutes, déchirures au foie, éclatement de la rate, rupture de l'estomac ou de l'intestin, hématome duodénal, pancréatite, hématome à la vessie.

Raclées ou fessées : fracture des os, muscles froissés, subluxation de la tête radiale, contusion du coccyx, fracture du sacrum, lésions au nerf sciatique, paralysie des jambes, lésions aux organes génitaux, sexualité perturbée à l'âge adulte. (Taylor et Maurer, 1985)

Bien que je n'aie trouvé aucune étude pour étayer ce fait, je soupçonne que dans la plupart des cas de punitions graves entraînant des blessures, les parents ont commencé par employer une forme de punition plus légère. Mais lorsqu'ils se rendent compte que l'enfant ne leur obéit pas, ils deviennent si frustrés et si fâchés qu'ils prennent impulsivement « les grands moyens » et recourent à des châtiments physiques assez violents pour blesser l'enfant. J'ai entendu des parents rationaliser le recours à la violence avec des arguments lorsque :

« Il fallait lui montrer qui dirige. »

« Nous ne voulions pas qu'il pense pouvoir s'en tirer comme ça. »

« Nous étions décidés à ne pas le laisser gagner. »

« Nous voulions commencer tôt à faire régner la discipline. »

Cette suite tragique d'événements conduit souvent à une violence grave à l'égard des enfants. Ces actes violents et inhumains sont habituellement commis au nom de la discipline et justifiés par la conviction que l'enfant doit respecter « l'autorité parentale » et que les parents ne doivent pas « perdre ».

> Nous croyons que les parents violents sont de stricts partisans de la discipline, qui nourrissent des attentes rigides envers l'enfant sans empathie pour ses sentiments. Ces parents se voient comme le « possesseur » de l'enfant, comme la seule personne responsable de le façonner et de prendre des décisions concernant son bien-être... Les parents violents ont tendance à croire que tous les très jeunes enfants sont entêtés et volontairement désobéissants. Ils se sentent donc justifiés d'employer une discipline stricte puisque l'enfant leur désobéit. (Kadushin et Martin, 1981)

Dans les écoles, on retrouve le même modèle. Lorsqu'une punition légère ne parvient pas à faire cesser les comportements perturbateurs des élèves (comme c'est souvent le cas), les enseignants recourent aux punitions et même aux châtiments corporels. Comme l'ont démontré de nombreuses études, ceux-ci entraînent parfois de graves blessures physiques : contusions, fractures, zébrures, blessures à la tête, yeux pochés, torsion des testicules et lésions rénales pour n'en nommer que quelques-unes. En voici des exemples typiques :

> Un élève de 12 ans aurait marmonné quelque chose. Le professeur est devenu fou furieux, a empoigné l'élève à la gorge et l'a frappé contre le mur.

> Un élève de 11 ans a été sauvagement battu par le directeur pour avoir frappé un de ses camarades. Le

directeur a frappé l'enfant à plusieurs reprises, jusqu'à ce qu'il glisse de son siège jusqu'au sol. Puis, il lui a donné des coups de pied dans l'abdomen, dans le dos et dans les jambes et lui a tiré les cheveux. L'enfant souffrait de graves contusions sur tout le corps.

Trois garçons pris en train de fumer ont dû choisir entre recevoir une raclée et manger leurs cigarettes. Deux des trois garçons ont opté pour la seconde solution et ont dû être hospitalisés pendant trois jours. Le tabac a aggravé l'ulcère dont souffrait déjà l'un des garçons.

Même la pratique courante qui consiste à suspendre les élèves peut s'avérer dangereuse, car l'enfant suspendu est parfois exposé aux corrections de ses parents. En outre, il peut perdre son estime de soi et sa confiance, prendre un retard impossible à rattraper dans son travail scolaire et être coupé en permanence de l'école. Toutes ces punitions sévères finissent par nuire gravement à l'enfant.

Quand le chat est parti…

La punition (ou la menace de punir) peut, à l'occasion, dissuader les enfants d'adopter certains comportements inacceptables. Mais elle le fait seulement quand l'enfant est en *présence du contrôleur*. Dès que le parent ou l'enseignant ayant donné la punition s'en va, les enfants reprennent le comportement incriminé, parfois même plus souvent ou plus fortement qu'auparavant. Ce phénomène sévit dans nos familles et dans nos écoles – comme l'atteste chaque enseignant ou remplaçant. Il a été clairement illustré dans plusieurs recherches expérimentales effectuées auprès d'enfants.

Les enfants d'un club pour garçons dont les moniteurs étaient très autoritaires adoptaient constamment des comportements plus agressifs et plus perturbateurs lorsqu'ils étaient laissés à eux-mêmes que les enfants dont les moniteurs étaient moins sévères et plus démocratiques. Ces derniers continuaient simplement les activités commencées avant le départ du moniteur. Les autres, en revanche, cessaient leurs activités dès que leur moniteur quittait la pièce et faisaient ce qu'on venait de leur interdire. (Lippitt et White, 1943)

J'ai vu les films de ces expériences et j'ai été impressionné de voir les différences marquées entre les deux groupes d'enfants.

Comme nous l'avons vu précédemment, les mesures de contrôle externe ne constituent pas la meilleure façon d'enseigner aux enfants la maîtrise interne de soi. La discipline punitive imposée par les adultes n'inculque pas l'autodiscipline aux enfants.

La punition, source d'agressivité et de violence

On croit généralement que la punition prévient un comportement agressif chez les enfants. Au contraire, les punitions sévères rendent les enfants agressifs.

En effet, lorsqu'on punit un enfant, on le prive toujours de la satisfaction d'un de ses besoins. Or, lorsque les enfants ne satisfont pas leurs besoins (et les adultes aussi, d'ailleurs), ils se sentent frustrés ; et l'agressivité constitue une réaction courante à la frustration. La frustration engendre l'agressivité. Des expériences en laboratoire ont étudié les réactions des animaux, puis des enfants, qui rencontraient des obstacles à la satisfaction d'un besoin (nourriture, eau, jouets, etc.). Frustrés, ils réagissaient très souvent (mais pas toujours) en devenant agressifs et souvent violents envers les autres. Ces expériences ont mené à la théorie de l'agressivité-frustration (Dollard *et coll.*, 1939), qui est maintenant presque universellement acceptée en sciences humaines.

Dans la vie de tous les jours, nous pouvons observer des manifestations de la théorie de l'agressivité-frustration : un joueur de tennis jette sa raquette par terre par dépit ; un enfant frappe le camarade qui lui a pris son jouet ; un père gifle l'enfant qui perturbe son repos ; un adolescent claque la porte derrière un de ses parents qui lui a refusé l'utilisation de sa voiture ; un homme ou une femme lance la vaisselle pendant une querelle.

Lorsque, pour les punir, les parents ou les enseignants refusent aux jeunes quelque chose qu'ils désirent, ceux-ci réagissent parfois d'une manière agressive et même violente : ils claquent les portes, brisent leurs jouets, lancent des objets, donnent des coups de poing dans la porte, s'en prennent à un plus petit qu'eux, frappent leur professeur. Les familles où les parents ont fréquemment recours aux punitions produisent souvent des enfants hyperagressifs et hyperactifs. *La punition n'empêche pas les enfants de devenir agressifs : elle les y incite.* C'est un cercle vicieux. Le comportement agressif attire une punition qui entraîne à son tour le comportement agressif qui attire une nouvelle punition, et ainsi de suite.

La punition favorise l'agressivité chez les enfants non seulement en les privant de ce qu'ils désirent et en les frustrant, mais aussi par *l'apprentissage par imitation.* Les enfants apprennent en observant les adultes, en particulier leurs parents. Si les parents se font obéir par la violence, ils enseignent à leurs enfants une leçon qu'ils ne sont pas près d'oublier :

> Emploie la force physique et la violence pour obtenir ce que tu veux des autres.
>
> Pour contrôler, emploie la force.

> Emploie la violence envers ceux que tu aimes.
> Si tu n'obtiens pas ce que tu veux, bats-toi.
> C'est le plus gros et le plus fort qui gagne.

Le châtiment corporel montre aux jeunes à employer la violence dans la famille et à l'extérieur. Ils apprennent que le recours à la force est acceptable dans les relations humaines. Ainsi les membres de chaque génération apprennent la violence en imitant ce qu'ils observent et vivent dans leur propre famille.

> Les personnes les plus punies durant l'adolescence battent leur conjoint quatre fois plus que celles que leurs parents ne frappaient pas.
>
> Les maris ayant eu des parents violents battent leur femme 600 fois plus que les hommes issus de familles non violentes. Plus d'un parent sur quatre ayant grandi dans une famille violente est assez violent pour risquer de blesser gravement son enfant.
>
> Il y a 20 % des enfants punis physiquement qui ont gravement attaqué leur frère ou sœur. Près de 100 % des enfants souvent punis physiquement par leurs parents ont attaqué gravement leur frère ou leur sœur. (Straus, Gelles et Steinmetz, 1980)

Il est absurde d'employer le châtiment corporel, un acte d'agression, pour combattre l'agressivité. Une caricature l'illustre. On voit un père qui bat son jeune fils et qui lui dit : « Cela t'apprendra, à ne pas frapper ton petit frère. » Dans une autre on voit le parent qui frappe le grand garçon, qui à son tour frappe son petit frère, qui ensuite frappe le chat.

Les adultes finissent toujours par manquer de punitions

Les parents finissent par manquer de récompenses efficaces lorsque leurs enfants grandissent. Les adultes perdent aussi petit à petit leur pouvoir de se faire obéir au moyen des punitions. Il est, en effet, risqué d'employer les châtiments physiques avec des adolescents grands et forts qui pourraient bien riposter. À l'école secondaire, les professeurs sont plutôt sans ressources, ne disposant plus de punitions efficaces.

Malgré la possibilité évidente d'une contre-attaque, bien des parents continuent de recourir aux punitions même quand leurs enfants sont grands. Le tiers environ des enfants ayant entre 15 et 17 ans sont frappés par leurs parents. Je soupçonne la présence de « deux poids, deux mesures » dans la plupart de ces familles : les parents s'octroient la liberté de frapper leurs enfants, mais ils interdisent tacitement aux enfants de frapper leurs parents.

Même les punitions non physiques perdent leur efficacité auprès des adolescents. Si, pour la punir de sa mauvaise conduite, vous refusez de prêter votre voiture à votre fille, elle peut aussi bien faire du stop avec ses amis et monter avec des étrangers. Punissez votre fils en lui interdisant de quitter la maison pour une semaine et vous découvrirez qu'il se glisse hors de sa chambre la nuit. Menacez votre fille de la punir si elle sort avec un garçon que vous n'aimez pas et elle s'arrangera probablement pour le voir en cachette, peut-être même plus souvent qu'avant.

Pour comprendre la cause de ce phénomène, il suffit de se rappeler les conditions nécessaires à l'efficacité d'une punition. D'abord, elle doit être assez forte pour que le jeune souffre ou se sente privé de quelque chose. Mais dans le cas des adolescents, les parents n'ont plus beaucoup de punitions en réserve. La deuxième condition exige que l'enfant ne puisse pas facilement fuir l'adulte, esquivant du même coup la punition. Or, les adolescents peuvent facilement s'en aller. Je me rappelle cette mère qui affirmait, pendant une formation *Parents efficaces* : « La seule chose qui pourrait empêcher mon fils de fumer de la mari' serait de l'enchaîner à son lit, mais ce serait ridicule. » Elle affrontait enfin une réalité qu'ignorent pourtant bien des parents : lorsque les enfants sont assez vieux pour quitter la maison et se soustraire à la surveillance de leurs parents, les parents ne pensent plus exercer le contrôle.

La cause la plus importante de la tension à l'adolescence est que les parents veulent contrôler leurs enfants *alors qu'ils n'ont plus aucun pouvoir.* Ils se demandent alors ce qui se passe, pourquoi la discipline ne marche plus. La plupart des parents ne se rendent pas compte que l'érosion de leur pouvoir leur a ôté toute forme d'*influence* sur leurs enfants. À force de se faire obéir par le pouvoir, les parents n'apprennent pas comment *influencer* leurs enfants. Devenus adolescents, les jeunes peuvent faire tout ce qu'ils veulent en l'absence de tout contrôle et de toute restriction. On accuse alors les parents à tort de se montrer trop permissifs. Je dis « à tort » parce que les parents *ne* sont *pas* permissifs, ils sont simplement des parents autoritaires devenus impuissants. Alors ils s'en mordent les doigts.

Dans les écoles, le même scénario se produit. Les enseignants perdent leur pouvoir. Dès qu'ils entrent au secondaire, les jeunes résistent à toute discipline fondée sur le pouvoir ou l'ignorent parce que les enseignants répugnent à infliger des punitions douloureuses ou encore n'en ont pas le droit. Il ne leur reste alors que des punitions inefficaces comme garder les jeunes après l'école, les envoyer chez le directeur ou les suspendre pour une brève période.

Le pouvoir se paie

La victime du pouvoir n'est pas la seule à souffrir. Le contrôleur paie lui aussi, très cher, l'emploi du pouvoir. Comme l'écrivait Lord Acton : « Le pouvoir corrompt et le pouvoir absolu corrompt absolument. » Il parlait, bien sûr, de la corruption de celui qui exerce le pouvoir. Les contrôleurs du monde entier se sentent continuellement menacés par ceux qu'ils tiennent sous leur férule comme le démontre l'histoire de tous les régimes autoritaires. La dissension et la rébellion sont inévitables sous les règnes totalitaires. Si la dissension est réprimée, elle devient clandestine pendant un moment, puis réapparaît plus tard sous forme de rébellion. Tout pouvoir est donc par essence instable.

> Le contrôleur est donc en état de siège continuel... Pour maintenir un esclave au travail, il faut y rester soi-même ou nommer un surveillant qui veillera sur lui. Mais ensuite on devra désigner un surveillant en chef pour s'assurer que les deux premiers ne tombent pas de connivence, puis un inspecteur pour surveiller le trio, et ainsi de suite. Pour le contrôleur, il n'y a jamais ni sécurité, ni paix, ni détente. Le désir de contrôler les autres se retourne contre soi et, faute de pouvoir se satisfaire, prend au piège celui qui contrôle. (French, 1987)

Cependant, commander les autres par le pouvoir prend énormément de temps, coûte cher et exige habituellement des précautions fastidieuses. Parents et enseignants se heurtent habituellement à une résistance entêtée, qu'elle soit passive ou non. De plus, ils s'obligent à surveiller les activités de leurs sujets afin de s'assurer qu'ils obéissent et de régler le cas de ceux qui ne le font pas. Bien qu'il soit plus rapide de prendre des décisions ou d'établir des règles de façon unilatérale, les chefs autocratiques mettent souvent un temps énorme à les faire appliquer. Le président d'une compagnie où je travaillais comme consultant pendant de nombreuses années me disait :

> Lorsque j'employais le pouvoir pour résoudre mes conflits, je m'enorgueillissais de pouvoir décider rapidement. Le problème, c'est que cela me prenait souvent dix fois plus de temps pour venir à bout de la résistance de mes collègues. Je passais trop de temps à imposer mes décisions aux autres.

Comme les victimes du contrôleur sont peu motivées à appliquer les décisions qui leur sont imposées, la mise en vigueur de ces décisions est ardue et prend du temps. À l'école, les enseignants passent jusqu'à 75 % de leur temps à « jouer au gendarme », à faire appliquer leurs règles ou celles des administrateurs.

L'isolement face aux membres du groupe représente un autre prix caché que paient les dirigeants contrôleurs. Il n'est donc pas étonnant que la plupart d'entre eux se sentent seuls. En effet, les jeunes n'éprouvent ni chaleur ni amabilité envers ceux qu'ils craignent et qui les contraignent. De plus, les dirigeants autoritaires évitent en général d'établir des relations intimes avec leurs « subordonnés » afin de ne pas être accusés d'avoir des chouchous.

Les chefs autoritaires trouvent leur travail stressant et nocif pour leur santé physique et mentale. Nombre d'entre eux souffrent d'hypertension, de problèmes cardiaques, d'ulcères, d'insomnie ou d'alcoolisme, ou de tout cela à la fois. Le pouvoir ainsi exercé rend « malade ».

Non seulement les contrôleurs doivent faire preuve de vigilance, mais la crainte de perdre leur pouvoir les rend anxieux et soupçonneux. De plus, en gagnant au détriment des autres, les contrôleurs peuvent éprouver une grande culpabilité. Les nombreuses années que j'ai passées à conseiller des chefs d'entreprise, des administrateurs scolaires et des professeurs m'ont convaincu que ceux qui détiennent le pouvoir créent leur propre enfer psychologique avec leur méfiance, leur anxiété, leur tension, leurs soupçons et leur paranoïa.

Un autre problème souvent passé sous silence et pourtant aussi important attend les contrôleurs : leurs subordonnés adoptent divers comportements non productifs qui nuisent à l'efficacité du groupe, ce qui, en retour, sape l'autorité du contrôleur. L'un des aspects les plus dommageables de ce comportement est une réduction notoire de la communication avec le contrôleur. On entend souvent les chefs autocratiques se plaindre que personne ne leur dit rien ou qu'ils sont les derniers à être mis au courant. Leurs subordonnés hésitent à leur parler de leurs problèmes, par crainte d'être punis ou contraints à accepter une solution qui ne leur convient pas. « Ce que le patron ne sait pas ne me fait pas mal », affirment bien des employés. Ou encore : « Ne dites au patron que ce qu'il veut entendre. » Ces comportements de défense diminuent l'efficacité d'une équipe au travail, en classe ou en famille.

De plus, la flatterie et la flagornerie sont monnaie courante au sein des groupes placés sous la coupe d'un chef autocratique. Les « béni-oui-oui » se rangent toujours du côté de leur patron. Le dirigeant ne peut alors identifier les vrais problèmes, car il n'est pas conscient de ce qui se passe vraiment ni de ce que pensent ses subalternes.

De plus, la rivalité s'installe entre les membres du groupe, qu'il s'agisse d'une équipe de travail, d'une classe ou des enfants d'une même famille. Les luttes de pouvoir, les commérages et les médisances vont alors bon train. Or, ces comportements agressifs et compétitifs bloquent la coopération essentielle à l'efficacité d'un groupe. C'est pourquoi la « formation d'équipes » est inefficace dans les groupes dirigés par des contrôleurs.

Enfin les membres de ces groupes réagissent parfois en se repliant physiquement ou psychologiquement. Lors des réunions, les membres ne disent rien ; les élèves s'efforcent de passer inaperçus ; les adolescents s'isolent dans leur chambre. Certains jeunes abandonnent leurs études parce qu'ils ne peuvent supporter leurs maîtres tyranniques.

Il est plus que temps d'évaluer les coûts élevés associés à l'usage du pouvoir, depuis les chefs de famille jusqu'aux chefs de gouvernement. Nous avons adoré le pouvoir et nous nous sommes leurrés trop longtemps sur son efficacité. Nous avons trop souvent ignoré ses effets nuisibles, ses graves limites et son caractère destructeur. Le pouvoir supprime la créativité et la productivité ; il est dangereux pour la santé et le bien-être tant du contrôleur que de ses sujets. Il provoque des forces qui finiront inévitablement par le détruire ou le remplacer ; il se mord la queue, étouffe les différences d'opinion créatives, éteint la confiance, la camaraderie, l'intimité et l'amour. Le pouvoir piège le contrôleur et enchaîne ses victimes.

Chapitre cinq

La véritable réaction des enfants face au contrôle

L'usage du pouvoir crée une relation spéciale entre deux personnes, l'une exerçant le pouvoir et l'autre y réagissant.

Les champions de la discipline-à-tout-prix ne tiennent habituellement pas compte de cette évidence. Invariablement, ils mettent de côté les enfants, omettant toute référence à leur réaction face au contrôle de leurs parents ou enseignants.

« Les parents doivent établir des limites », insistent-ils, sans jamais parler de la réaction des enfants qui sont ainsi empêchés de satisfaire leurs besoins.

« Les parents ne devraient pas avoir peur d'exercer leur autorité », conseillent-ils, passant sous silence la réaction des jeunes face à ce pouvoir. En omettant de parler des enfants, les adeptes de la discipline imposée créent l'impression que les jeunes se soumettent volontiers au pouvoir des adultes et leur obéissent au doigt et à l'œil.

« Soyez fermes, mais justes. » « Insistez pour vous faire obéir. » « Parfois il faut savoir dire non. » « Le bébé doit apprendre à obéir et à céder à l'autorité de ses parents. » Ces phrases sont tirées des nombreux ouvrages préconisant le pouvoir-aux-parents, et qui vantent les mérites de la discipline fondée sur le pouvoir sans jamais décrire la réaction des enfants. Autrement dit, leurs auteurs ne présentent jamais un dossier complet sur la discipline fondée sur le pouvoir ; ils ne décrivent pas le phénomène de cause à effet et d'action-réaction.

Cette omission est importante, car elle implique que tous les enfants se soumettent passivement aux exigences de leurs parents et de leurs enseignants, tout à fait heureux de se faire contrôler.

Or, je n'ai trouvé aucune preuve pour appuyer cette vision des choses. En fait, la plupart d'entre nous s'en souviennent très bien : dans notre enfance, nous faisions tout ce qui était en notre pouvoir pour échapper au contrôle de nos parents. Qui de nous n'a jamais menti, blâmé un tiers, supplié, demandé pardon, promis de ne jamais recommencer ?

Toute punition nous paraissait humiliante et pénible. Être forcé de faire quelque chose contre notre volonté était une insulte et un affront à notre dignité, une négation de nos besoins.

Par essence, la punition empêche la satisfaction d'un besoin. En effet, une punition n'est efficace que si l'enfant la trouve répulsive et douloureuse. Lorsqu'un adulte inflige une punition, il inflige une souffrance ou une privation au plus jeune.

Évidemment, les enfants ne veulent jamais de punition, contrairement à ce que ses défenseurs veulent nous faire croire. Nul enfant ne « la demande », n'« en ressent le besoin » ni n'« est reconnaissant » d'être puni. Nul enfant n'oublie ni ne pardonne vraiment à un parent ou à un professeur qui l'a puni. C'est pourquoi j'ai peine à croire les auteurs des ouvrages préconisant le pouvoir-aux-parents, qui tentent de justifier la discipline fondée sur le pouvoir avec des arguments comme ceux-ci :

« Les enfants ont besoin de punitions ; ils en veulent. »

« Les punitions prouvent aux enfants que leurs parents les aiment. »

« Le jeune qui sait qu'il mérite une fessée est presque soulagé lorsqu'il la reçoit. »

« L'enfant comprend le but de la discipline et apprécie qu'elle l'aide à maîtriser ses impulsions. »

« Le châtiment corporel administré par un parent aimant est tout à fait différent de la violence infligée aux enfants… L'un est un acte d'amour, l'autre, un acte d'hostilité. »

« Les punitions administrées par leurs parents sécurisent les enfants. »

« La discipline forte fait des familles heureuses et des enfants sains. »

Ces rationalisations semblent alléger la culpabilité des contrôleurs qui violent leurs enfants ? L'adulte « punisseur » veut se prouver qu'il est aimant, qu'il agit pour le bien de l'enfant ou fait son devoir. Il justifie ensuite sa « fermeté » envers ses enfants en disant :

« Soyez fermes, mais justes. »

« Qui aime bien châtie bien. »

« Sois autoritaire mais « bienveillant. »

« Un parent doit se faire obéir. »

« Il est acceptable de battre les enfants tant qu'on le fait "avec amour". »

Certains adeptes de la discipline autoritaire affirment que la punition est constructive, car elle enseigne aux enfants à se soumettre à une autorité supérieure. Pour cela, les enfants doivent d'abord apprendre à obéir à leurs parents et aux adultes.

> En cédant au pouvoir aimant de leurs parents, les enfants apprennent aussi à céder au pouvoir bienveillant de Dieu.
>
> En ce qui concerne les bambins très volontaires, les parents peuvent commencer à leur administrer de légères fessées entre 15 et 18 mois... Je le répète, le bébé doit apprendre à se soumettre au pouvoir de ses parents, mais cela ne peut se faire du jour au lendemain. (Dobson, 1978)

On croit encore que la fin justifie les moyens. En effet, certains adeptes de la punition croient tellement en l'obéissance à l'autorité parentale d'abord, puis plus tard à une autorité supérieure, que les moyens qu'ils préconisent pour parvenir à leur fin sont déformés de manière à sembler bénéfiques à l'enfant, plutôt que destructeurs.

Il est illusoire de penser que tous les enfants finiront par se soumettre à toute forme d'autorité et au pouvoir des adultes. En fait, les enfants adoptent une grande variété de réactions et de comportements, que les psychologues appellent *mécanismes d'adaptation*.

Les mécanismes d'adaptation employés par les enfants

Depuis des années, j'ai recueilli une longue liste des divers mécanismes d'adaptation que les jeunes emploient quand les adultes cherchent à les contrôler. Cette liste provient surtout de nos ateliers *Parents efficaces* et *Enseignants efficaces* à la suite d'un exercice simple mais révélateur. Nous demandons aux participants de se rappeler les diverses façons qu'ils avaient d'affronter la discipline fondée sur le pouvoir lorsqu'ils étaient jeunes. Nous obtenons des listes presque identiques d'un groupe à l'autre, ce qui confirme l'universalité des mécanismes d'adaptation employés par les enfants et les adolescents. Voici la liste de ces mécanismes :

- Résister, défier, être négatif.
- Se révolter, désobéir, se montrer insubordonné, répondre avec insolence.
- Se venger, rendre les coups, contre-attaquer, faire du vandalisme.
- Frapper, être agressif, combattre.
- Violer les règlements et les lois.
- Piquer une colère, se fâcher.
- Mentir, tromper, cacher la vérité.
- Blâmer les autres, commérer, rapporter.
- Régenter ou tyranniser les autres.
- Former des bandes, des alliances, s'organiser contre les adultes.
- Flatter, lécher les bottes, chercher à gagner la faveur des adultes.
- Se replier sur soi, rêvasser.
- Rivaliser, avoir besoin de gagner, détester perdre, se soucier de son image, rabaisser les autres.
- Renoncer, se sentir vaincu, paresser, traînasser, bâcler son travail.
- S'en aller, se sauver, faire l'école buissonnière, quitter l'école, sécher des cours.
- Se taire, ignorer les autres, garder le silence, mépriser les adultes, prendre ses distances.
- Pleurer, gémir, se sentir déprimé ou impuissant.
- Se montrer craintif, timide, gêné, craindre de parler et de faire un effort.
- Avoir besoin de réconfort, rechercher constamment l'approbation des autres, souffrir d'insécurité.
- Tomber malade, souffrir de maladies psychosomatiques.

- Trop manger, suivre un régime trop sévère.
- Se montrer exagérément soumis, obéissant, docile, flagorner, devenir le chouchou du professeur.
- Abuser de l'alcool et des drogues.
- Tricher et copier à l'école.

Pouvez-vous trouver les méthodes que vous avez vous-même employées dans votre jeunesse ?

Lorsque parents et enseignants produisent leur liste fondée sur leur propre expérience, ils disent invariablement :

> « Pourquoi voudrait-on employer le pouvoir si on obtient des comportements comme ceux-ci ? »
>
> « Je ne voudrais pas voir mes enfants ou mes élèves employer ces mécanismes d'adaptation. »
>
> « Cette liste ne comporte aucun effet ni comportement positif. »
>
> « Si nous réagissions ainsi face au pouvoir lorsque nous étions petits, nos propres enfants feront sûrement de même. »

Après cet exercice, certains parents et professeurs modifient radicalement leur façon de penser. Ils voient clairement que le pouvoir crée les comportements qu'ils *détestent le plus chez les enfants*. Ils commencent à comprendre que l'utilisation du pouvoir leur coûte cher puisqu'elle pousse leurs enfants ou leurs élèves à adopter des habitudes et des traits de caractère que la plupart des adultes jugent inacceptables et que les professionnels de la santé mentale considèrent malsains.

Certains de ces mécanismes constituent des réactions de *combat*, d'autres des réactions de *fuite* et d'autres de *soumission*.

La plupart des enfants adoptent une forme de réaction plutôt qu'une autre. Ainsi, les garçons sont plus portés à *combattre* l'autorité des adultes tandis que les fillettes s'y *soumettent* plus souvent. Certains enfants se *soumettent* lorsqu'ils sont petits, puis se mettent à *combattre* de plus en plus en entrant dans l'adolescence. Les enfants de tous âges qui sont trop sévèrement punis ou à qui on offre des récompenses trop difficiles à mériter recourent souvent à la *fuite*. Les jeunes qui se sauvent de chez eux sont généralement issus de foyers où les punitions sont sévères. Les *décrocheurs* sont les enfants qui trouvent trop difficile d'obtenir la note de passage.

Chacun de ces mécanismes d'adaptation provoque bien sûr une réaction chez le contrôleur. Ainsi, les réactions de *fuite* incitent souvent les adultes à recourir à des punitions encore plus sévères. C'est le cas, notamment, des enfants qui résistent, défient, se révoltent, désobéissent, se vengent, frappent leurs camarades, enfreignent le règlement et se mettent en colère. Ces mécanismes déclenchent souvent le cercle vicieux qui sévit dans les foyers et à l'école : les réactions de *combat* des enfants leur valent des punitions plus sévères qui, en retour, entraînent des réactions de *combat encore plus* poussées qui amènent à leur tour des punitions encore plus rigoureuses, et ainsi de suite. Les jeunes *délinquants* et les criminels recourent souvent aux réactions de *combat*.

Les réactions de *soumission* sont moins susceptibles d'entraîner un renforcement de la discipline, mais elles désorganisent les relations entre les jeunes. En effet, la plupart des enfants n'aiment pas leurs camarades qui lèchent les bottes des adultes, essaient de se faire valoir, rabaissent les autres, obéissent aveuglément ou sont les chouchous des adultes. Ils se moquent d'eux, les tournent en dérision et les rejettent.

Les réactions de *fuite* nuisent souvent de façon permanente aux relations entre l'adulte et l'enfant, rendant leur vie plus malheureuse, comme c'est le cas lorsque l'enfant se replie totalement sur lui, s'enfuit de la maison ou abandonne ses études. Certaines réactions de *fuite* peuvent même nuire à la santé du jeune : abus de nourriture, de drogues ou d'alcool, fantasmes, timidité.

Violence vengeresse à l'égard des contrôleurs

Si les jeunes ne peuvent échapper à la douleur et à l'humiliation liées à la discipline punitive et qu'ils décident de se rebeller, ils expriment souvent leur colère et leur hostilité par des actes d'agression et de violence à l'égard de leurs parents ou de leurs professeurs. Aujourd'hui, la croissance de la violence des jeunes envers les professeurs représente un sérieux problème dans bien des écoles.

Cette violence n'est pas confinée à la classe puisqu'on la retrouve dans un nombre étonnant de familles.

> Moins d'un enfant sur 100, que ses parents n'avaient jamais frappés, était violent. D'autre part, environ *la moitié* des enfants battus par leurs *parents avaient frappé leurs parents*, l'année où nous les avons interrogés. (Straus, Gelles et Steinmetz, 1980)

Devant autant de preuves qui démontrent comment et pourquoi les jeunes se vengent contre les personnes qui essaient de les contrôler, je comprends difficilement pourquoi les auteurs d'ouvrages préconisant la discipline-à-tout-prix et le pouvoir-aux-parents essaient de faire croire aux parents que les punitions créent des familles heureuses. En fait, elles minent les relations entre parents et enfants et, lorsqu'elles sont fréquentes ou sévères, elles provoquent la violence.

Quand les jeunes « divorcent » de leurs parents

La conséquence la plus tragique que subissent les parents autoritaires est la perte de leurs enfants. Un grand nombre d'adolescents « divorcent » psychologiquement d'avec leurs parents, c'est-à-dire qu'ils se retirent de la relation tout en demeurant à la maison. Incapables de se libérer de la discipline autoritaire de leurs parents et fatigués de toujours sortir perdants des interminables conflits et luttes de pouvoir familiaux, ces jeunes s'isolent et mettent fin à toute communication significative avec leurs parents. Ils passent le plus clair de leur temps à l'extérieur de la maison, n'y retournant que pour manger et dormir. Leurs parents ignorent à peu près tout de leurs activités, de leurs croyances, de leurs valeurs et de leurs sentiments, car ces jeunes veillent à ne rien révéler d'eux-mêmes. Ils ont appris à éviter d'être contraints, privés et punis en se retirant de la relation ou, si ce n'est pas possible, en évitant toute communication franche et ouverte.

Les plus intrépides s'enfuient parfois de la maison préférant l'insécurité et les dangers du monde extérieur à l'oppression des parents contrôleurs et sévères. Des études ont démontré qu'un très haut pourcentage des enfants fugueurs s'enfuient pour secouer le joug du pouvoir parental. Bien des adolescentes deviennent enceintes et se marient afin de mettre fin à une relation parentale tyrannique.

Un nombre étonnant d'adolescents fugueurs ne s'enfuient pas du tout du foyer familial, mais sont en fait mis à la porte par leurs parents ! La raison la plus fréquemment invoquée par les parents est que le jeune est « incorrigible », « impossible à diriger », « révolté », « incontrôlable ». Cela est triste, mais vrai : certains parents sont prêts à rejeter leurs enfants lorsqu'ils ne peuvent plus les contrôler. Pour ces parents, l'obéissance passe avant leur relation avec leurs enfants.

Habituellement, ces parents commettent une faute grave qu'ils ne prendront pas de temps à regretter amèrement. Se rendant compte qu'ils n'arrivent plus à contrôler leurs grands enfants, ils brandissent la menace suivante : « Tant que tu seras dans ma maison, tu obéiras à mes règles. Si tu en es incapable, tu n'as qu'à faire tes valises. » Voilà précisément le traitement préconisé par les champions de la méthode dure. Ces parents finissent, en général, par mettre leur menace à exécution et paient un prix terrible en expulsant leur enfant du foyer familial.

Le même scénario se répète dans les écoles où presque tous les enseignants menacent de suspendre ou d'expulser les élèves turbulents. Si l'élève résiste, comme c'est souvent le cas, les directeurs se trouvent pris à leur propre piège : pour éviter de perdre la face, ils sont obligés de le suspendre ou de l'expulser. Mais cette mesure, bien sûr, rebute l'élève et retarde ses progrès encore davantage. Trop souvent, l'élève est irrémédiablement perdu : il ne reviendra pas à l'école.

Semer les graines de la criminalité

Lorsque l'on demande aux parents qu'elle est la pire chose qui pourrait arriver à leurs enfants, ils répondront : « Avoir des démêlés avec la justice. » Cette peur entraîne bien des parents à recourir aux punitions afin d'inculquer à leurs enfants la notion du bien et du mal et le respect de l'autorité. Ils espèrent qu'une discipline sévère leur donnera les vertus morales nécessaires pour devenir de bons citoyens. Malheureusement, cet espoir n'est pas fondé.

Afin de prévenir ce qu'ils craignent si fort, la plupart des parents décident d'appliquer une discipline stricte : ils commandent, confinent, restreignent, établissent des limites, défendent et interdisent. Et s'ils ne réussissent pas à se faire obéir, ils recourent aux punitions. En règle générale, ils établissent les règles sans demander l'avis de leurs enfants et les punissent à la moindre infraction.

Mais comme nous l'avons vu précédemment, une discipline rigoureuse ne produit pas des enfants disciplinés, mais provoque chez eux un comportement délinquant ou criminel. Plusieurs recherches le prouvent :

- Les jeunes délinquants et délinquantes sont issus de foyers où les parents étaient autoritaires et punissaient sévèrement leurs enfants.
- Les détenus violents ont tous subi une extrême violence à la maison entre l'âge de un et de dix ans. (Maurer, 1976)
- Les meurtriers ont été plus fréquemment et plus sévèrement punis physiquement, étant enfants, que leurs frères qui n'ont pas tué. (Palmer, 1962)
- 32 % de jeunes garçons qui ont eu des parents aimants ont commis des crimes.
- 36 % des garçons qui ont eu une mère aimante et un père sévère ont été reconnus coupables de crimes.
- 46 % des garçons qui ont eu une mère sévère et un père aimant ont commis un acte criminel.
- 70 % des garçons qui ont eu un père et une mère qui les rejetaient et les punissaient ont commis des crimes. (McCord et McCord, 1958)
- Les criminels violents ont reçu un grand nombre de raclées et d'autres formes de châtiments corporels de la part de leurs parents ou d'autres gardiens adultes. (Gilmartin, 1979)

- Les écoles où on maltraite davantage les enfants, subissent un plus haut taux de vandalisme que les autres. (Hyman, McDowell et Raines, 1975)

Les punitions physiques peuvent rendre des enfants délinquants ou criminels, par un ou plusieurs des facteurs suivants :

1. apprentissage par imitation ;
2. réaction agressivité-frustration expliquée plus tôt ;
3. réaction d'hostilité à l'égard des figures d'autorité (parents, enseignants, directeurs, patrons, police) ;
4. besoin de se venger ;
5. sentiments de désespoir et d'impuissance.

Les châtiments corporels prédisposent les enfants à une vie de transgression, d'agressivité et de violence, d'abord à l'égard de leurs frères et sœurs et de leurs parents, puis de leurs professeurs et du directeur de l'école, et plus tard, de toutes les autorités qu'ils rencontreront.

L'échec des tribunaux pour enfants

Il existe une autre institution qui n'a pas réussi à faire obéir les enfants en les punissant : les tribunaux pour enfants. L'objectif de ces tribunaux est « non pas tant de punir que de rééduquer les enfants, non de les rabaisser mais de les élever, non de les écraser mais de les aider à s'épanouir, non d'en faire des criminels mais de bons citoyens ». (Mack, 1909)

Comme les parents et les enseignants, les tribunaux pour enfants comptent souvent sur des mesures coercitives, sur un système de punitions dissuasives, pour détourner les enfants de la délinquance et du crime. Ces méthodes sont tout aussi inefficaces dans les tribunaux pour enfants que dans les familles ou les écoles.

Attention : la discipline peut nuire à la santé et au bien-être des enfants

Les adeptes de la philosophie « qui aime bien châtie bien » affirment que la discipline est « salutaire pour l'enfant », qu'elle le rendra plus sain et plus heureux (l'enfant sera moins inquiet, saura davantage où est sa place, deviendra plus sociable, aura des relations humaines plus heureuses). Bref, la discipline serait garante de la santé mentale et du bien-être de nos petits.

Mais cette croyance ne concorde pas avec les résultats des recherches. Il existe une multitude de preuves selon lesquelles la discipline sévère rend les enfants malades et nuit à leur santé mentale.

- Les garçons de 12 ans, souvent punis et soumis à des restrictions par leurs parents, affichent une forte tendance à se punir, à avoir des accidents et à se suicider. (Sears, 1961)
- Les enfants inhibés et névrosés sont soumis à des contraintes et à un contrôle excessif dans leur famille. (Becker, 1964)
- Les enfants qui ont peu confiance en eux-mêmes ont eu une mère qui raisonnait moins avec eux et leur imposait une discipline plus arbitraire et plus sévère. Elle punissait ses enfants plus souvent qu'elle ne les récompensait. (Coopersmith, 1967)
- Les étudiants le plus souvent punis détestent davantage leurs parents et leurs enseignants, ont des relations moins intéressantes avec leurs camarades, se querellent

plus souvent, sont plus timides, ont moins de succès en amour, s'inquiètent davantage, se sentent plus coupables, sont moins heureux, pleurent plus souvent et sont plus dépendants de leurs parents que ceux qui ont été moins punis. (Watson, 1943)

Les parents autoritaires ont l'une ou plusieurs des caractéristiques suivantes :

1. Ils tentent de façonner, de contrôler et d'évaluer le comportement et les attitudes de leurs enfants en fonction d'un ensemble de normes rigides.
2. Ils privilégient l'obéissance, le respect de l'autorité, le travail, les traditions et l'ordre établi.
3. Ils découragent la communication entre parents et enfants.
4. Ils entravent l'autonomie et l'individualité de l'enfant.

Les enfants d'âge préscolaire issus de parents autoritaires manifestent peu d'autonomie et obtiennent des résultats médiocres en « responsabilité sociale ». (Baumrind, 1971)

Les enfants de parents autoritaires ne s'entendent pas bien avec leurs camarades, ont tendance à se replier sur eux-mêmes, manquent d'initiative et de spontanéité. (Baldwin, 1948)

Ils sont également moins « conscients » et plus vulnérables aux influences extérieures. Ils manquent de maîtrise personnelle. (Maccoby et Martin, 1983)

La multitude de preuves accumulées démontre que *les punitions infligées aux enfants sont dangereuses pour leur santé mentale.*

La discipline et les punitions causent du tort aux enfants sur le plan émotif. Elles finissent par causer du tort à notre société : en grandissant, les enfants perturbés deviennent des citoyens handicapés sur le plan émotif, improductifs, antisociaux et souvent violents.

Se défoncer et décrocher de la réalité

La crainte de voir leurs enfants sombrer dans l'alcoolisme et la toxicomanie est aussi forte chez les parents que celle de la délinquance. Depuis des générations, les jeunes se sont tournés vers les drogues et l'alcool. Mais ces formes de fuite semblent encore plus répandues aujourd'hui.

Désormais, l'usage de drogues est devenu un sujet de scandale parmi les athlètes professionnels, comme il l'était depuis de nombreuses années chez les artistes. Plusieurs champions ont rejoint les rangs de Janis Joplin, Elvis Presley, Judy Garland et John Belushi, tous morts d'une surdose de drogue. On se souvient de Ben Johnson, qui a battu le record mondial au 100 mètres et qui s'est vu retirer sa médaille d'or pour dopage. Les bagarres causées par l'alcool sont monnaie courante dans les stades américains et européens, et elles se soldent souvent par des blessures et des décès. Les accidents attribuables à l'alcool sont la cause la plus fréquente de décès parmi les adolescents.

On n'a pas réussi à restreindre les abus en limitant l'approvisionnement ou la vente de ces substances dangereuses parce qu'une nouvelle drogue facile à obtenir fait son apparition presque chaque année : LSD, marijuana, héroïne, PCP, cocaïne, crack, ecstasy, etc.

Les causes de la toxicomanie sont nombreuses et complexes, mais la plus importante est sans nul doute le besoin de fuir l'angoisse ainsi que la douleur, la solitude, l'impuissance, le rejet ou toute autre frustration de la satisfaction de ses besoins.

Une autre cause importante de l'alcoolisme et de la toxicomanie : la pression des camarades, la crainte de perdre leur amitié ou d'être rejeté si on refuse de consommer. Ceux qui sont incapables de refuser la drogue offerte ou de limiter leur consommation d'alcool semblent dépourvus de maîtrise de soi et d'autodiscipline. De tous les jeunes qui essaient l'alcool ou les drogues, seulement 5 à 10 % deviennent alcooliques ou toxicomanes. Qu'est-ce qui différencie ces 5 à 10 % des autres jeunes ?

Les jeunes qui sont assez *autodisciplinés* pour éviter les abus trouvent assez de satisfactions et de gratifications dans leur vie pour ne pas risquer de perdre ce qu'ils possèdent ou ce qui les attend : amis, réussites, relation amoureuse enrichissante, perspective d'apprendre une profession, sentiments de confiance et d'estime personnelles. Ils ont aussi l'impression qu'ils sont maîtres de leur vie et de leur destin.

Par contraste, les 5 à 10 % qui développent des accoutumances mènent une vie frustrante et non gratifiante. Ils se sentent déjà comme des perdants. Ils sont démunis et déçus, ne s'aiment pas, se sentent impuissants à maîtriser leur destinée. L'alcool et les drogues constituent un moyen facile de fuir le désespoir en leur procurant un sentiment temporaire d'euphorie et d'assurance.

Tout en reconnaissant le rôle des facteurs économiques, sociaux et environnementaux je crois que l'influence la plus puissante est la façon dont la personne a été traitée dans sa jeunesse à la maison et à l'école. Je n'ai présenté qu'un petit échantillon des résultats de recherche, de plus en plus nombreux, qui démontrent qu'une discipline autoritaire peut rendre les enfants malheureux au point de les inciter à se venger de ceux qui essaient de les contrôler, ou à fuir un milieu pénible.

Les enseignants et les parents enclins à contrôler et à punir peuvent rendre leurs enfants vraiment malheureux. À mon avis, la guerre contre les drogues, les slogans invitant à « dire non » et les programmes visant à inculquer la crainte de la drogue aux enfants n'auront pas de succès tant que les parents et les enseignants n'auront pas appris à traiter les enfants et les adolescents de manière à ne pas leur donner envie de fuir.

La perte d'influence du contrôleur

La plupart des parents et des enseignants souhaitent avant tout exercer une influence positive sur leurs enfants. Ils veulent leur enseigner à distinguer le bien et le mal, les convaincre de la valeur d'une instruction solide, les inciter à mener une vie saine, les aider à bien s'entendre avec leur entourage, les amener à abandonner des comportements qui nuisent aux autres, en faire des citoyens heureux et productifs. Toutefois, en imposant une discipline punitive, les adultes réduisent énormément leurs chances d'exercer une influence constructive sur les jeunes.

Voilà le paradoxe : *Plus on contrôle, moins on influence.* Plusieurs facteurs produisent ce résultat. D'abord, le contrôle entraîne des réactions qui affaiblissent – la résistance, la révolte, la vengeance, l'évasion, le repli sur soi, la tromperie, la formation d'alliances, le non-respect des lois, etc. – le pouvoir du contrôleur.

De plus, l'autorité fondée sur l'expérience, n'a aucun effet sur les enfants s'ils n'aiment pas l'adulte qui cherche à les influencer. Les enfants acceptent l'expérience d'un adulte, sa sagesse ou ses valeurs, s'ils l'aiment et le respectent. Les enfants finissent par détester et mépriser les adultes qui veulent les contrôler, les forcer à obéir, les brimer ou les empêcher de satisfaire leurs besoins.

Les enfants écoutent, croient, imitent et recherchent la compagnie des adultes qu'ils aiment et admirent parce que ces adultes les traitent avec respect, leur font confiance et sont ouverts. Voici donc un principe corollaire à notre paradoxe : *Moins on contrôle, plus on influence !*

Voulons-nous des jeunes obéissants ?

Certains jeunes réagissent à l'autorité des adultes par la soumission et l'obéissance. Cette obéissance est précisément ce que les champions de la discipline-à-tout-prix et du pouvoir-aux-parents désirent par-dessus tout, la désobéissance représentant leur plus grande crainte. Tout au long de l'histoire, le culte de l'obéissance a été profondément enraciné et hautement privilégié dans de nombreuses sociétés. La soumission à l'autorité est considérée comme une source nécessaire de contrôle social au sein des institutions et des nations, qui lie les membres des organisations, le critère de base de toute vie communautaire. Comme telle, on l'a élevée au rang de vertu noble ou morale dans les organisations militaires et les cultes religieux, ainsi que dans les familles et dans les écoles.

Plusieurs croient que « le manque de respect de l'autorité parentale conduit à l'anarchie, au chaos et à la confusion ». (Dobson, 1978)

Le plus triste exemple reste l'extermination des juifs européens par les nazis ; ce crime hideux et immoral fut perpétré par des milliers de soldats allemands au nom de l'obéissance à leurs supérieurs.

> En fait, quand on songe à la longue et triste histoire de l'humanité, on trouve plus de crimes hideux perpétrés au nom de l'obéissance que de crimes commis au nom de la révolte. (Snow, 1961)

D'autres écrivains ont décrit les nombreux crimes commis, dans les années 1960 et 1970, par les soldats américains contre des citoyens vietnamiens au nom de l'obéissance. Dans les années 1980, les meurtres et suicides collectifs commis par près de 1 000 disciples du révérend Jim Jones nous ont offert un autre exemple de ce qu'il en coûte de « devoir obéir aux ordres ». Lors de cette tragédie, les disciples de Jones, obéissant aveuglément à leur chef, ont tué leurs propres enfants avant de se donner la mort.

Au lieu de considérer l'obéissance à l'autorité comme une vertu, nous devrions la voir comme une maladie devenue courante dans notre société. Nous sommes en train de créer de futurs citoyens qui obéiront aux ordres sans se poser de question. Cette attitude, qui prend naissance dans la famille, est continuellement renforcée dans nos écoles, dans de nombreuses églises et entreprises. Toutefois, les personnes conditionnées à obéir finissent par se voir comme des *instruments qui exécutent les ordres d'un tiers et ne sont plus responsables de leurs propres actes.*

Le psychologue Stanley Milgram de l'université Yale a mené des expériences avant-gardistes, résumées dans son livre *La Soumission à l'autorité*, qui lui a valu un prix d'excellence.

Sous prétexte de mener une étude sur la façon dont les gens apprennent, Milgram a demandé à ses sujets d'administrer des chocs électriques à un « élève » chaque fois qu'il commettait une erreur. Les sujets ignoraient que la victime était en fait un comédien qui ne recevait pas vraiment de choc, mais faisait semblant d'en recevoir. Au début, il protestait verbalement, puis, comme les chocs augmentaient en intensité, il s'est mis à grogner et à crier comme s'il était à l'agonie, pour supplier ensuite ses mentors de le libérer, car il souffrait trop.

L'expérimentateur (la figure d'autorité en sarrau blanc) ordonnait aux sujets d'augmenter la puissance du choc à chaque erreur de l'élève.

Le but réel de cette expérience, connu du seul expérimentateur, était d'étudier comment les sujets (ceux qui administraient les chocs) résolvaient leur conflit. Obéir à l'autorité qui leur ordonnait d'infliger des chocs de plus en plus violents ou lui désobéir à cause de la souffrance apparente de la victime et de ses supplications.

Voici quelques-unes des conclusions « étonnantes et consternantes de Milgram ».

- Près des deux tiers des sujets ont été « obéissants ».
- Bien des sujets ont ressenti un grand stress et formulé des protestations verbales à l'endroit de l'expérimentateur : « Cet homme semble souffrir » ou « Je refuse de continuer si le gars continue à crier comme ça ». Néanmoins, une proportion importante des sujets a *continué d'infliger des chocs électriques à la victime* jusqu'au plus haut voltage.
- Plus tard, certains sujets ont reconnu qu'ils étaient convaincus de faire quelque chose de mal, tout en admettant *qu'ils ne pouvaient se résigner à désobéir à l'autorité.* (Milgram, 1979)

En entrevue, les sujets ont par la suite expliqué à Milgram que pour pouvoir obéir, ils s'étaient persuadés qu'ils n'étaient pas responsables de leurs actes. Chacun se voyait non comme une personne choisissant d'agir d'une façon immorale, mais comme l'agent d'une autorité externe : il ne faisait qu'« accomplir son devoir ». Milgram conclut : « La disparition du sens des responsabilités est la conséquence la plus importante de la soumission à l'autorité. » Les résultats de cette expérience prouvent que *l'obéissance à l'autorité enlève la maîtrise de soi et le sens des responsabilités.*

L'obéissance à l'autorité joue un rôle important dans les agressions sexuelles commises envers les enfants. La majorité des enfants agressés sexuellement *connaissent leur agresseur*, qui est en général un parent ou un membre de la famille. Comme l'enfant a appris à *respecter l'autorité de cette personne et à lui obéir*, il se soumet volontiers à elle. Il ne sait pas trop si l'acte sexuel est malsain ou inhabituel. L'enfant hésite à dénoncer le crime, car il n'ose pas défier l'autorité des adultes et craint que son agresseur ne se venge. Bref, le déséquilibre de pouvoir qui caractérise ces relations adulte-enfant et l'impuissance de l'enfant agressé expliquent pourquoi tant d'enfants n'opposent aucune résistance à leur agresseur.

> Les enfants décrivent souvent leur première expérience en disant qu'ils se sont réveillés en sentant leur père (ou leur beau-père ou le compagnon de leur mère) en train d'explorer leur corps avec ses mains ou sa bouche. Moins fréquemment, ils se réveillent avec un pénis dans la bouche ou entre les jambes... Comme l'adulte victime d'un viol, on s'attend à ce que l'enfant agressé résiste, appelle à l'aide ou cherche à se sauver. Rares sont les enfants qui le font. Leur réaction habituelle est de « faire le mort » c'est-à-dire de feindre de dormir, de changer de position et de remonter les couvertures. Les petits enfants ne font pas appel à la force pour affronter des menaces écrasantes. Lorsqu'ils ne peuvent pas courir, ils n'ont d'autre choix que de se cacher. Les enfants apprennent généralement à affronter en silence leurs terreurs nocturnes. (Summit, 19)

En conclusion, j'adresse les conseils suivants aux parents et aux enseignants.

En tant que société, il est urgent de trouver et d'enseigner des procédés efficaces non fondés sur l'autorité et le pouvoir ; des solutions favorisant le développement de personnes assez courageuses, autonomes et disciplinées pour résister à l'autorité et ne pas obéir en contredisant leur notion du bien et du mal.

Dans les prochains chapitres, je vous présente de nombreux procédés et j'enseigne aux parents comme aux enseignants un certain nombre de méthodes non fondées sur le pouvoir et la force, qu'ils peuvent employer avec les enfants et les adolescents. Ces solutions peuvent aider les jeunes à devenir autonomes, responsables, à bien se conduire, à se maîtriser et à se discipliner. À mon avis, ce sont des traits de caractère qu'on doit développer chez les citoyens d'une société vraiment saine.

SECONDE PARTIE

DES OPTIONS POUR DÉVELOPPER L'AUTODISCIPLINE CHEZ LES ENFANTS

Chapitre six

Des méthodes pour amener les enfants à modifier leur comportement sans les contrôler

Pourquoi la discipline axée sur le contrôle a-t-elle persisté depuis des siècles en ne subissant que de rares modifications ? Pourquoi parents et enseignants continuent-ils d'employer le contrôle et les punitions alors qu'il est si difficile de prouver que ces méthodes sont efficaces pour modifier le comportement des enfants ? Pourquoi s'entêtent-ils à croire qu'ils sont forcés d'imposer une discipline fondée sur le pouvoir alors qu'ils doivent reconnaître que la plupart des enfants la combattent ou la fuient par toutes sortes de mécanismes d'adaptation ? Et pourquoi essaient-ils de commander aux adolescents et de les forcer à obéir alors qu'ils n'ont plus de contrôle sur eux à cette étape de leur jeunesse ?

Trente années d'expérience professionnelle auprès des parents et des enseignants m'ont fourni quelques réponses à ces questions. Une d'entre elles est très simple : les gens persistent à contrôler parce qu'ils croient que la seule autre option est la permissivité. Entre ces deux options, la plupart des adultes préfèrent se montrer autoritaires plutôt que permissifs ; exercer le pouvoir plutôt que de le laisser entre les mains des enfants ; contrôler plutôt que de se laisser contrôler.

Je sympathise tout à fait avec ceux qui craignent un excès de tolérance parce que j'ai vu ce qui se passe lorsque les parents et les enseignants laissent les enfants faire ce qu'ils veulent sans aucune règle. Les adultes sont malheureux et les enfants leur manquent d'égards et deviennent irréfléchis, égoïstes, non coopérateurs et détestables.

Il est malheureux que si peu de parents et d'enseignants connaissent les nombreuses méthodes servant à influencer les enfants afin de modifier leurs comportements inacceptables, des méthodes qui assurent la satisfaction des adultes et des enfants.

Depuis 1950, je me suis employé à concevoir, à élaborer et à enseigner ces méthodes non fondées sur le pouvoir. Ce travail devint ma mission professionnelle.

J'ai donné des formations aux dirigeants (gestionnaires, administrateurs, superviseurs) qui voulaient créer des groupes productifs constitués de membres motivés et heureux. J'ai agi comme consultant auprès d'organisations commerciales, industrielles et gouvernementales, où j'ai enseigné des façons d'influencer les employés plutôt que d'essayer de les manipuler au moyen de récompenses et de punitions.

En 1962, avec la formation *Parents efficaces*, j'ai enseigné les mêmes méthodes aux parents. Plus de 1,8 million de parents ont participé à cette formation animée par plusieurs milliers de formateurs accrédités dans 42 pays. Cette expérience m'a fourni la preuve que la plupart des parents peuvent apprendre et appliquer de nouvelles méthodes et transformer radicalement leur tâche éducative, améliorer la qualité de leur vie familiale et former des jeunes dotés d'autodiscipline.

Avec la formation *Enseignants efficaces*, nos formateurs ont enseigné à plus de 300 000 participants (des directeurs d'école, des conseillers, des psychologues scolaires et des enseignants). Cette formation a prouvé que la plupart des enseignants peuvent apprendre de nouvelles méthodes non fondées sur le pouvoir et diminuer le désordre en classe tout en améliorant le rendement scolaire et la maturité affective des élèves.

Dans ce chapitre, je présente des méthodes et des procédés efficaces, en commençant par ceux qui s'appliquent aux jeunes enfants qui n'ont pas encore appris à parler et à communiquer. Puis j'explique d'autres méthodes plus évoluées exigeant une communication verbale.

Les formations *Parents efficaces* et *Enseignants efficaces* présentent des procédés et cultivent des attitudes et une *façon d'être* pour entretenir avec les enfants et les adolescents des relations fondées sur le respect mutuel.

Cette approche modifie profondément la conception de la discipline et de l'autorité. Au lieu de *faire obéir, exiger, permettre, établir des limites, priver, discipliner, restreindre, punir, interdire, défendre* et *imposer*, le parent ou l'enseignant s'applique à *faciliter, conseiller, écouter, comprendre, négocier, aider* et *résoudre le problème*.

Voici ce que dit une enseignante après avoir participé à la formation *Enseignants efficaces* :

> J'avais l'habitude d'essayer de me faire obéir en posant à mes élèves des questions qui les obligeaient à me donner les réponses que je voulais. Exemple : « Sommes-nous calmes lorsque nous nous rendons à la bibliothèque ? » Comme des élèves modèles, les enfants répondaient : « Oui. » « Est-ce que nous courons ? » « Non, nous ne courons pas », répondaient-ils en chœur ! Je leur faisais répéter leur leçon avant les excursions, les exercices de feu ou la venue de visiteurs. Les enfants étaient toujours d'accord avec moi. « Non, nous ne courons pas. » Mais ils couraient toujours, se poussaient, criaient. De retour dans la classe, je posais une autre question : « Tenons-nous nos

promesses ? » Et la réponse habituelle venait : « Oui, nous tenons nos promesses ! »

Un jour, le formateur d'*Enseignants efficaces* nous fit écouter un enregistrement. Quand je vis combien le professeur avait l'air stupide sur cette bande et combien je lui ressemblais, je résolus de changer ma méthode et d'essayer la résolution de conflit sans perdant pour traiter d'un problème sur lequel je sermonnais mes élèves depuis des semaines, soit leur retour ponctuel après la récréation. Dans le passé, comme les enfants tardaient à se placer en rangs, je sortais et leur criais de le faire. Avant qu'ils soient tous en rangs et qu'ils entrent dans la classe, nous avions perdu au moins dix minutes. Je leur demandais alors : « Lorsque la cloche sonne, est-ce que nous continuons à jouer ? » Ils répondaient : « Non. » Je poursuivais : « Que faisons-nous lorsque la cloche sonne ? » « Nous nous plaçons en rangs », chantonnaient-ils. J'ajoutais : « À partir de maintenant, je n'aurai plus besoin de vous crier de vous mettre en rangs, n'est-ce pas ? » « Non », répondaient-ils en chœur. Le lendemain, j'étais encore là à leur crier de se mettre en rangs.

Incroyable, n'est-ce pas ? Eh bien ! Cette semaine j'ai émis un message « je », au lieu de poser mes questions habituelles. Je leur ai dit que j'étais fatiguée de leur crier après et que je craignais que le directeur m'accorde une note médiocre en raison de tout le temps perdu. Puis, je les ai écoutés. Je n'en croyais pas mes oreilles. Ils déclarèrent qu'ils en avaient assez de rester piqués là au soleil en m'attendant et demandèrent pourquoi ils devaient se mettre en rangs au lieu de rentrer tout simplement au son de la cloche. Je répondis que nous avions toujours procédé ainsi. « Pourquoi ? » demandèrent-ils. Je réfléchis un moment, puis avouai que je ne savais pas pourquoi, mais que c'était comme ça.

Eh bien ! Ils n'étaient pas d'accord et nous avons décidé de déterminer nos besoins. En ce qui me concerne, il fallait qu'ils quittent la cour de récréation et entrent en classe d'une manière aussi ordonnée et rapide que possible. Quant à eux, ils voulaient éviter de rester en rangs pendant cinq minutes ou plus au soleil en attendant que j'arrive pour les escorter jusqu'à la classe. Nous avons adopté une solution proposée par l'un des enfants : au son de la cloche, les enfants devaient se rendre dans la classe en marchant calmement pendant que, de mon côté, je partirais de la salle des professeurs pour les rejoindre.

Nous procédons ainsi depuis trois semaines maintenant et tout marche à merveille. Nous sauvons dix minutes par jour ainsi que tout le temps que je passais auparavant à les sermonner sur la nécessité de se mettre en rangs et de marcher calmement. Je n'ai plus besoin de me rendre dans la cour de récréation. Mais le plus important, ce sont nos sentiments lorsque nous entrons dans la classe. Avant, tous les enfants étaient en colère une fois alignés et en route pour la classe. Maintenant, nous nous sentons bien ou, du moins, nous ne sommes plus fâchés les uns contre les autres. Cela sauve parfois tout un après-midi. Le plus difficile fut de me convaincre que les enfants n'avaient pas besoin de se mettre en rangs ; en fait, c'était là ma solution à un besoin et, dans notre cas, une solution peu efficace !

Les enfants ne se conduisent pas vraiment mal

Les formations *Enseignants efficaces* et *Parents efficaces* amènent parents et enseignants à transformer radicalement la façon dont ils perçoivent le comportement des enfants. La plupart des adultes croient que les enfants « se tiennent bien » ou « se comportent mal ». Cette étiquette « bien » ou

« mal » est apposée au comportement de l'enfant lorsqu'il est très jeune. Dans nos formations, nous aidons les parents à voir que les enfants ne se comportent pas vraiment mal.

Il est intéressant de noter que cette expression s'applique presque exclusivement aux enfants et rarement aux adultes. Nous n'entendons jamais personne dire :

> « Mon mari s'est mal conduit hier. »
> « L'un de nos invités s'est mal comporté pendant la soirée. »
> « J'ai piqué une colère lorsque mon ami s'est mal conduit pendant le déjeuner. »
> « Mes employés se sont mal conduits dernièrement. »

Apparemment, seuls les enfants se comportent mal. Or, cette expression relève exclusivement du *langage des parents et des enseignants* et révèle la vision dominatrice des adultes par rapport aux enfants. Elle est employée dans presque tous les manuels sur l'éducation des enfants que j'ai lus.

À mon avis, les adultes considèrent qu'un enfant se conduit mal lorsqu'il fait une action jugée contraire à celle qu'il devrait faire selon eux. Ce verdict constitue donc manifestement un jugement de valeur posé par l'adulte, une étiquette accolée à un comportement particulier, un jugement négatif de l'action de l'enfant. La « mauvaise conduite » est donc une action qui entraîne une conséquence indésirable *pour l'adulte*. En fait, la conduite de l'enfant est mauvaise au vu de l'adulte. Donc, c'est dans l'esprit de l'adulte et non dans celui de l'enfant que le comportement en question a un caractère négatif. L'enfant, pour sa part, fait ce qu'il a besoin de faire pour satisfaire un de ses besoins.

Autrement dit, c'est l'*adulte* qui voit le mauvais côté du comportement, et non l'enfant. Pour être plus précis, ce sont les effets du comportement de l'enfant sur l'adulte qui sont jugés mauvais (ou potentiellement mauvais) et non le comportement comme tel. Lorsque parents et enseignants saisissent cette distinction fondamentale, leur attitude à l'égard de leurs enfants ou de leurs élèves se modifie considérablement. Ils commencent à voir les actions des jeunes comme de simples comportements destinés à satisfaire leurs besoins. Lorsqu'ils se mettent à voir les enfants comme des êtres humains qui adoptent divers comportements pour satisfaire des besoins humains normaux, ils sont moins portés à classer leurs comportements comme bons ou mauvais.

Accepter que les enfants ne se conduisent pas vraiment mal ne signifie nullement que les adultes acceptent tout ce qu'ils feront, car les enfants font des choses que les adultes n'aiment pas et qui nuisent à leur propre bien-être. Mais même dans ce cas, l'enfant ne se conduit pas mal et il n'est pas mauvais ; il n'essaie pas de faire quelque chose *à l'adulte*, mais plutôt *pour lui-même*.

Lorsque parents ou enseignants modifient leur attitude, c'est-à-dire déplacent le nœud du problème de l'enfant à l'adulte, ils peuvent comprendre la logique de certaines solutions non fondées sur le pouvoir, qui leur permettent de faire face à des comportements qu'ils n'acceptent pas.

À qui appartient le problème ?

Afin d'aider les participants à effectuer cette transformation, nous demandons : « À qui appartient le problème ? » Chaque fois qu'un enfant fait un geste qui vous empêche de satisfaire un besoin, ce comportement est inacceptable pour vous, parce qu'il *vous* cause des ennuis. C'est donc à vous qu'appartient le problème.

Toutefois, quand c'est l'enfant qui voit son besoin frustré, il a un problème qui lui appartient.

Visualisez une fenêtre à travers laquelle vous observez tous les comportements de votre enfant. Remarquez que vous trouvez certains de ces comportements acceptables et d'autres non ; les comportements inacceptables se situant dans la zone inférieure de la fenêtre, là où le problème vous appartient.

La fenêtre d'acceptation

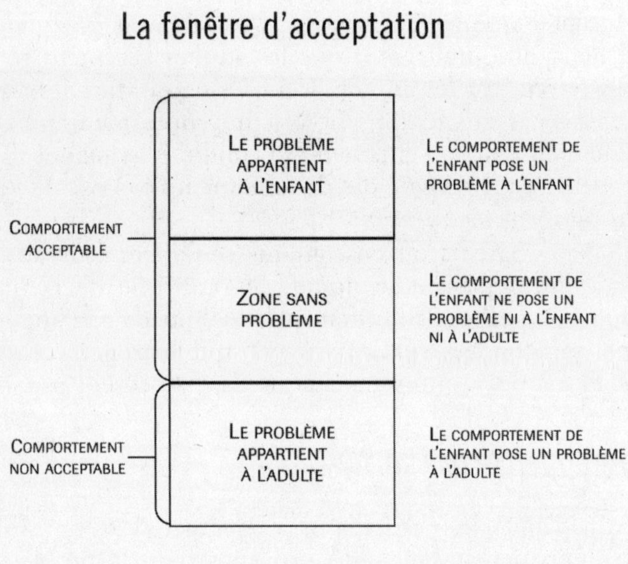

Voici quelques exemples de comportements pouvant causer des ennuis à la plupart des parents : l'enfant fait du bruit pendant que le parent est au téléphone ; il joue alors que le parent est pressé ; il marche dans le salon avec des chaussures crottées ; il frappe son petit frère avec un de ses blocs ; il conduit la voiture familiale trop vite ; il rentre au milieu de la nuit, trois heures plus tard que convenu.

Dans la zone supérieure de la fenêtre, nous plaçons les comportements indiquant que l'enfant éprouve un problème. Exemples : l'enfant est fâché parce qu'il n'a personne avec qui jouer ; l'enfant dit que son ami l'a rejeté ; l'adolescente est malheureuse parce qu'elle est obèse ; l'adolescent est déçu de ses résultats à un examen. Ce sont là des problèmes que les enfants rencontrent dans leur propre vie. Ces problèmes leur appartiennent.

La zone centrale de la fenêtre d'acceptation est réservée aux comportements de l'enfant qui ne posent un problème ni à l'enfant ni à l'adulte. Il existe des moments délicieux dans une relation où l'enfant s'amuse en toute quiétude de son côté ou encore où adulte et enfants font une activité commune sans problème. Nous l'appelons « zone sans problème ».

Dans ce chapitre, je présente des procédés non punitifs pour modifier les comportements qui posent un problème à l'adulte. Plus loin, j'explique des méthodes destinées à aider les enfants à résoudre leurs propres problèmes.

Option n° 1
Découvrir le besoin de l'enfant

Barbara, 6 mois, se met à hurler en pleine nuit. Ses parents se réveillent et, privés du sommeil dont ils ont besoin, trouvent naturellement ce comportement inacceptable. Mais comment arrêter les pleurs de Barbara ? En cherchant à comprendre son besoin. Essayer de trouver l'origine de ses cris pour trouver la solution au problème peut être un véritable casse-tête :

> Peut-être est-elle mouillée ? Nous allons d'abord vérifier cela. Non, sa couche est sèche. A-t-elle froid ? Non. Peut-être qu'elle n'a pas fait son rot ? Prenons-la et essayons de lui faire faire son rot. Non, ce n'est pas cela. Et si elle avait faim ? Elle tète et commence à s'endormir. Merveilleux ! Elle dort.

Les parents sont souvent forcés de jouer aux devinettes avec les bébés qui pleurent, sont surexcités, n'arrivent pas à s'endormir, ou jettent leur nourriture par terre. Lorsque les bébés font des choses inacceptables pour leurs parents, c'est pour satisfaire un besoin. En essayant de découvrir ce besoin, au lieu de punir l'enfant pour sa « mauvaise conduite », les parents peuvent habituellement trouver la cause du comportement inacceptable ou fournir à l'enfant ce dont il a besoin et qu'il ne peut se procurer lui-même.

À mesure que les bébés grandissent et se mettent à parler, le jeu des devinettes devient plus facile. Les parents n'ont qu'à écouter attentivement le message de l'enfant, par exemple :

> « J'ai mal au ventre. »
> « Jojo a pris mon ballon. »
> « Pourquoi faut-il que je me couche ? »

Bien sûr, les parents sont parfois obligés de poser des questions simples comme :

> « Pourquoi pleures-tu ? »
> « Que veux-tu ? »
> « Pourquoi ne joues-tu pas avec ton petit frère ? »
> « Pourquoi n'es-tu pas habillé ? »

Les réponses à ces questions vous donneront des indices sur ce que vous devez faire pour obtenir un comportement acceptable.

Option n° 2
Faire un échange

Une autre façon efficace et non fondée sur le pouvoir de modifier un comportement inacceptable chez les bébés consiste à substituer au comportement *inacceptable* un comportement qui vous est *acceptable*.

> Laura la curieuse, âgée de 1 an, s'est emparée d'une de vos paires de bas qu'elle s'amuse à caresser et à tirailler. Vous craignez qu'elle ne les déchire. Vous prenez dans un tiroir une vieille paire déjà déchirée, vous la mettez dans les mains de la petite et retirez doucement les bas neufs. Laura, qui ne voit pas la différence, s'amuse autant avec les vieux bas. Son besoin est comblé et le vôtre aussi.

Lorsque les adultes commencent à penser en termes d'échange, ils sont moins portés à exercer leur autorité et à punir la « mauvaise conduite ».

Option n° 3
Modifier l'environnement

La plupart des parents et des enseignants savent intuitivement qu'ils peuvent mettre un terme à un comportement inacceptable en modifiant l'*environnement* de l'enfant, au lieu de faire des efforts pour changer l'*enfant*. Qui n'a pas déjà observé un enfant geignard, importun et désœuvré s'absorber entièrement (et calmement) dans un jeu lorsqu'on lui fournit des matériaux captivants comme de l'argile, de la peinture aux doigts, un casse-tête, un livre à colorier ou tout autre jeu.

Si les enfants sont agités avant d'aller au lit, le parent avisé sait aménager l'environnement. Les enfants excités se calment souvent lorsqu'on leur lit une histoire ou un conte de fées, ou qu'on leur demande de raconter les événements de leur journée. Les parents éviteraient une grande partie de la bataille et de l'énervement propres au coucher des enfants s'ils faisaient un effort pour réduire la stimulation qu'offre l'environnement à ce moment-là.

En outre, les parents peuvent éviter un grand nombre de comportements inacceptables et dangereux chez les bambins en aménageant un environnement adapté aux enfants :

- Utiliser des tasses et des verres incassables.
- Mettre allumettes, couteaux et lames de rasoir hors de leur portée.
- Mettre les médicaments et les objets contondants dans une armoire fermée à clé.
- Fermer la porte du sous-sol à clé.
- Fixer au sol les carpettes glissantes, etc.

Il est plus facile de changer l'environnement que l'enfant

Les éducatrices de la maternelle ont acquis un grand savoir-faire dans l'aménagement de l'environnement dans le but de prévenir ou de modifier les comportements inacceptables. C'est pourquoi les enfants de la maternelle sont souvent occupés et calmes. Les enseignants ont généralement appris à enrichir l'environnement scolaire des tout-petits afin d'empêcher que les enfants ne s'ennuient (ce qui est souvent à l'origine des comportements inacceptables). Les professeurs compétents présentent une multitude d'options à leurs élèves et font un usage efficace d'activités individuelles où les jeunes font différentes choses au même moment.

Ils savent aussi quand réduire la stimulation offerte aux enfants. Ils assombrissent la pièce, prévoient des moments de repos ou utilisent des techniques captivantes comme la peinture, les films, les vidéos ou les histoires.

Avec les tout-petits, l'aménagement de l'environnement peut prévenir une multitude de comportements dérangeants ; il suffit de réserver un endroit à certaines activités, de limiter le nombre d'enfants qui se trouvent ensemble, d'assigner des aires plus calmes à certains enfants.

Les jeunes enfants adoptent parfois des comportements indésirables lorsque leur environnement est trop restreint. On prévient ces comportements en élargissant l'environnement, en organisant des voyages d'étude et des excursions éducatives, en prévoyant des activités au gymnase ou à la bibliothèque, en combinant des groupes d'élèves, etc.

Parents et enseignants peuvent se simplifier la vie en mettant les objets que les enfants utilisent à leur portée, en affichant les règles là où les enfants peuvent les voir, en mettant à leur disposition un petit escabeau, en étiquetant les tiroirs, les meubles de rangement, les classeurs et les armoires.

Option n° 4
Émettre un message « je » de confrontation

Un message « je » de confrontation est un message qui ne véhicule ni reproche ni jugement et exprime ce que l'adulte ressent face à un comportement inacceptable. En voici des exemples :

> « Lorsque le volume de la télévision est trop élevé, je ne peux pas parler avec Jacinthe. »
>
> « Je crains bien de ne pas pouvoir apprécier les fleurs que j'ai semées si on les piétine. »
>
> « Lorsqu'il y a autant de bruit dans la classe, je n'entends pas ce que chacun dit. »
>
> « Lorsque j'attends aussi longtemps que tu te prépares pour l'école, j'arrive en retard au travail. »

L'un des principaux objectifs de nos formations *Parents efficaces* et *Enseignants efficaces* consiste à encourager l'emploi de ce langage « je » au lieu du langage « tu » qui véhicule toute une charge de reproches, de jugements, de critiques, de contraintes. Le « tu » formule le message des adultes qui jugent que les enfants « se comportent mal ». Exemples :

« Tu dois bien savoir que tu ne dois pas faire cela. »

« Cesse ce bruit ou je t'envoie dehors. »

« Tu devrais avoir honte. »

« Tu me rends folle. »

« Si tu ne ranges pas tes vêtements, tu auras une fessée. »

« Tu manges comme un porc. »

« Tu as réussi à me donner mal à la tête. »

À l'inverse, l'adulte qui formule un message « je » prend la responsabilité du problème qui lui appartient. Les messages « je » incitent l'enfant à modifier son comportement de lui-même, par égard pour les autres. Les enfants qui ne sont pas rabaissés ni blâmés pour leur conduite sont davantage prêts à aider les autres et à modifier le comportement qui pose un problème à quelqu'un.

Il en va tout autrement des messages « tu » qui mettent les enfants sur la défensive et les incitent à résister. En outre, les messages « tu » détruisent l'estime de soi des enfants. Pas étonnant alors que les jeunes se vengent en renvoyant des messages « tu » de leur cru, envenimant ainsi une situation qui débouche sur des peines, des larmes, des portes claquées ou des menaces de punition.

Pourquoi les messages « tu » sont-ils alors si courants ?

Parce que ce type de message nous vient plus facilement. Comme ils n'exigent aucune conscience de soi, ils sortent de notre bouche sans difficulté, plaçant la responsabilité de nos sentiments sur les autres. Ils représentent aussi une manière facile et impulsive de rendre la monnaie de leur pièce aux personnes qui nous posent un problème. Toutefois, ils n'atteignent pas leur objectif puisqu'en fait, les messages « tu » provoquent de la résistance et une réaction de défense chez les enfants. En outre, les messages « tu » :

- véhiculent un manque de respect pour les besoins de l'autre personne ;
- font que les enfants se sentent coupables, rabaissés, critiqués, blessés ;
- peuvent inciter l'enfant à se venger et à *vous* rabaisser ;
- entraînent des querelles destructrices ou un échange d'injures.

Le message « je » est plus qu'un procédé. C'est une nouvelle perception où l'adulte reconnaît que le problème lui appartient quand le comportement d'un enfant lui est inacceptable.

Lorsque les enfants sont trop jeunes pour comprendre en détail les messages « je » verbaux, les parents doivent ajouter des messages *non verbaux*, tels que l'illustrent les exemples suivants :

> Le père s'en va au supermarché en portant le petit Antoine dans ses bras. L'enfant lui donne des coups dans l'estomac en éclatant de rire à chaque fois. Le père pose aussitôt l'enfant par terre et continue à marcher. Il ajoute le message : « Ça me fait mal quand tu me frappes dans l'estomac alors je ne peux te porter. »

> Julie traîne et se sauve au moment de partir en voiture alors que sa mère est pressée. Celle-ci met sa main sur le derrière de Julie et la pousse gentiment sur le siège avant. Elle ajoute le message : « J'ai besoin que tu montes tout de suite parce que je suis pressée. »

En plus d'influencer les enfants et de les amener à modifier leur comportement, les messages « je » leur font comprendre que leurs parents ou leurs professeurs sont humains, qu'eux aussi éprouvent des sentiments, des besoins, des désirs. Les messages « je » mettent adultes et enfants sur un certain pied d'égalité. Nous savons en outre que la remarquable efficacité des messages « je » provient du fait que les enfants les considèrent comme des appels à l'aide. Leur message sous-jacent est le suivant : « J'ai un problème avec ton comportement et j'ai besoin de ton aide. » L'enfant répond mieux à un appel à l'aide et est beaucoup plus disposé à modifier son comportement que lorsqu'on le punit, le réprimande, le blâme, le menace, le commande ou le dévalorise avec des paroles, comme celles-ci :

« Tu n'es pas gentil. »
« Va dans ta chambre. »
« Tu agis comme un bébé. »
« Cesse ton manège ou tu auras une fessée ! »
« Ne recommence plus jamais. »
« Tu as gâché ma journée. »
« Tu me feras mourir. »

Les messages « je » sont aussi des « messages responsables » pour deux raisons :

1. L'adulte qui formule un message « je » assume la responsabilité de ses sentiments et celle d'exprimer ouvertement son besoin à l'enfant.
2. Les messages « je » laissent à l'enfant la responsabilité de modifier son comportement inacceptable plutôt que de le forcer à le faire. De plus, ces messages sont dépourvus du jugement négatif qui caractérise les messages « tu » et amènent donc l'enfant à écouter et

à aider l'adulte plutôt qu'à se mettre en colère et à se venger.

Les messages « je » répondent aux trois critères importants d'une confrontation efficace :

1. Ils ont de fortes chances d'inciter l'autre personne à vouloir changer.
2. Ils préservent l'estime de soi de l'enfant ou de l'adolescent.
3. Ils favorisent une relation de respect mutuel.

Voici ce que rapporte une enseignante lorsqu'elle a employé des messages « je » pour la première fois dans sa classe :

> J'hésitais beaucoup à émettre des messages « je » à mes élèves. Nous nous entendions très mal. Mais j'ai finalement pris mon courage à deux mains et décidé d'émettre un message « je » direct à un groupe qui était en train de salir le lavabo au fond de la classe en lavant des pinceaux de couleurs. Je leur ai dit :
>
> « Lorsque vous mélangez vos couleurs et en mettez sur le lavabo et les tables, c'est moi qui dois ensuite frotter et subir la mauvaise humeur du concierge. J'en ai ras le bol de nettoyer après vous et je ne vois vraiment pas comment faire pour empêcher tout cela. » Je m'attendais en fait à ce qu'ils se moquent de moi et adoptent une attitude je-m'en-foutiste qui leur était propre à longueur d'année. Mais pas du tout ! Ils sont restés figés à me regarder d'un air étonné pendant une minute, vraiment surpris de découvrir que j'étais contrariée. Puis l'un d'eux a dit : « Allons, les gars, nettoyons vite tout ça. » J'étais renversée. Je ne veux pas vous faire croire que mes élèves sont devenus des modèles de perfection, mais maintenant

> ils nettoient le lavabo et les tables tous les jours, qu'ils aient ou non renversé de la peinture. (Gordon, 1980)

Cette expérience n'est pas unique. Presque tous les enseignants ont besoin de prendre leur courage à deux mains pour confronter leurs élèves directement et franchement et exprimer ce qu'ils ressentent. Et pourtant, après avoir couru ce risque une première fois, ils se rendent compte que ces jeunes qu'ils croyaient « méchants » et « écervelés » réagissent avec plus d'égards qu'ils n'en attendaient de leur part.

Un autre enseignant nous a fait remarquer toute la difficulté qu'il éprouvait à passer des messages « tu », qui blâment et culpabilisent, aux messages « je » :

> Mes premiers messages « je » m'ont exigé de grands efforts. Je comprenais très bien que mes messages « tu » nuisaient aux élèves et à notre relation ; mais je ne parvenais pas pour autant à changer mon attitude habituelle. Mon éducation m'a appris que ce n'est guère poli de commencer une phrase par « je ». À l'école, lorsque je rédigeais une composition en « je », l'enseignant me remettait une copie remplie de marques rouges.
>
> Dans ma jeunesse, les adultes m'ont appris à ne pas laisser paraître mes sentiments ; ils m'ont fait comprendre qu'un homme qui révèle ses émotions est faible, égoïste et peu viril. J'ai déployé beaucoup d'énergie pour me défaire de cette image, mais je dois admettre que j'identifie encore très rarement ce que je ressens. J'ai l'impression d'être désorienté et je dois faire un effort pour découvrir ce qui me tracasse vraiment. (Gordon, 1980)

Les élèves sentiront sûrement que cet enseignant est humain ; ils percevront les efforts qu'il déploie pour exprimer ses sentiments, d'abord à lui-même, puis aux autres, pour se révéler en tant que personne capable d'éprouver de la déception, de la peine ou de la crainte. Les jeunes verront en lui un être humain normal, vulnérable qui se sent parfois même démuni et effrayé, un être qui leur ressemble à tous points de vue.

Les messages « je » efficaces ne proposent pas de solutions : « Tu dois procéder comme ceci. » « Tu devrais faire cela. » « Voici à mon avis ce que tu devrais faire. » Ils permettent plutôt aux jeunes de trouver leurs propres solutions au problème de l'adulte, des solutions qui sont étonnamment ingénieuses et qui surprennent les adultes. Mêmes les petits de 2 ou 3 ans peuvent trouver des solutions originales tel que l'illustre l'incident ci-dessous survenu entre une mère et un petit garçon de 3 ans, Marc, que ses frayeurs empêchaient de dormir. Il lui arrivait souvent de se rendre dans la chambre de ses parents en pleine nuit et de les réveiller. Voici le récit de sa mère :

> Il avait peur de certains objets dans sa chambre. Il adore les monstres pendant le jour, mais la nuit, il panique. Il a pris l'habitude de venir nous rejoindre dans notre lit. Nous lui avons dit : « Marc, ça nous ferait bien plaisir que tu restes dans ton lit parce que nous avons besoin de dormir : quand tu viens nous réveiller, le matin nous sommes fatigués et de mauvaise humeur. » Les dix premières fois, il n'a pas réagi, mais une nuit il s'est levé et il a mis en marche son tourne-disques. Alors nous lui avons dit que le tourne-disques aussi nous empêchait de dormir. Il a été très futé : il a mis le volume au plus bas, de sorte qu'il puisse entendre un ronronnement, et c'était suffisant pour le rassurer. La plupart du temps, nous n'entendons pas le son.

Un père nous a raconté la solution ingénieuse imaginée en réponse à un problème que son fils lui posait, et qui risquait de détruire sa pelouse fraîchement semée :

En rentrant, j'ai trouvé le filet de hockey de Jérémie installé au beau milieu de la pelouse nouvellement semée. Il y avait de nombreuses traces de pas dans l'herbe qui commençait tout juste à germer. J'ai émis un vigoureux message « je » pour dire à mon fils que ça me rendait inquiet de voir la pelouse complètement ravagée, et que je n'aurais plus le courage ni le temps de tout recommencer. Il a acquiescé en marmonnant et a continué de regarder la télé. Quelques jours plus tard, je rentre et je trouve mon fils et quatre ou cinq petits copains en pleine partie de hockey. Cette fois, le filet était installé du côté du garage, et les garçons sautaient par-dessus la pelouse neuve au lieu de marcher dessus. J'ai fait un commentaire et un des gars m'a lancé : « Chaque trace entraîne un lancer de pénalité. » Je n'ai jamais su comment cette solution avait été trouvée, mais elle était efficace et je n'y aurais jamais pensé moi-même.

Les enfants sont vraiment créatifs pour trouver des solutions, car ils détestent voir leurs besoins insatisfaits. On peut presque voir leurs petites têtes en train de rechercher une solution qui tiendra compte des besoins des parents sans les bloquer pour autant dans leurs activités. C'est ce que reflète l'exemple suivant :

Une jeune mère avait nettoyé la chaîne stéréo parce qu'elle attendait des amis. Cet après-midi-là, ses deux petits garçons (7 et 4 ans) voulaient écouter leurs disques, mais elle craignait qu'ils ne fissent des empreintes de doigt partout. Elle résista à la tentation de dire : « Demandez-moi de mettre les disques » et choisit d'émettre un message « je » : « J'ai peur que vous laissiez des marques de doigt sur le couvercle et je n'ai pas envie de nettoyer de nouveau avant que les invités arrivent. »

Son aîné eut l'idée suivante, plutôt ingénieuse : il tira soigneusement les manches de son pull jusque sur ses mains et ouvrit l'appareil sans faire de marques.

Nous avons tendance à sous-estimer les capacités des enfants de trouver et d'adopter des comportements satisfaisants pour leurs parents.

Option n° 5
Émettre un message « je » de prévention

Lorsque parents et enseignants expriment un besoin qui requiert la coopération ou une action des enfants ou des élèves, nous parlons de *message « je » de prévention*.

Contrairement aux messages « je » de confrontation, qui visent à inciter les enfants à modifier des comportements inacceptables qui se sont déjà produits, les messages « je » de prévention visent à amener les enfants à adopter une conduite particulière à l'avenir, de manière à satisfaire le besoin de l'adulte.

Informer les autres de vos besoins les aide à comprendre ce que vous comptez faire. Cela leur évite des surprises et les prépare aux comportements éventuels que vous attendez d'eux. Voici quelques exemples de messages « je » préventifs :

> « J'aimerais que tu me préviennes lorsque tu ne prévois pas rentrer tout de suite après l'école. J'aurai l'esprit plus tranquille. »
>
> « J'aimerais que nous décidions maintenant de ce qui doit être fait avant de partir pour le week-end pour que nous ayons assez de temps pour tout faire. »
>
> « Comme nous allons faire une excursion au musée la semaine prochaine, établissons les règles qui nous permettront de bien fonctionner. »

« Grand-mère vient passer une semaine avec nous. J'aimerais que nous décidions ce que nous devons faire afin de rendre son séjour agréable pour elle et pour nous. Comme elle ne quitte guère son fauteuil roulant, pensons aux changements à faire pour qu'elle puisse se déplacer facilement. »

Parents et enseignants sont stupéfaits et charmés de voir à quel point leurs enfants et leurs élèves sont prêts à coopérer lorsqu'ils émettent des messages aussi affirmatifs. On entend souvent les enfants dire :

« Nous ne le savions pas. »
« Tu ne me l'as jamais demandé. »
« Je suis content que tu me le dises. »

Combien de besoins non comblés et d'objectifs non atteints résultent du fait que les parents et les enseignants n'aient « jamais demandé » ou qu'ils avaient formulé des demandes agressives qui rebutaient les enfants ou les poussaient à résister ?

Afin d'éviter d'avoir l'air agressif, exigeant ou autoritaire, il est important d'expliquer les raisons de son besoin, comme l'illustre le message ci-dessous :

« J'ai décidé de recommencer à travailler afin d'aider à faire face à nos dépenses croissantes. De plus, j'ai besoin d'occuper un emploi qui me permette d'exploiter ma formation. J'ai besoin de votre aide pour certaines corvées ménagères que j'exécutais seule jusqu'à maintenant. »

Vous verrez que les messages « je » préventifs comportent de nombreux avantages, non seulement pour vous, mais pour vos enfants ou vos élèves :

- Vous demeurez conscient de vos sentiments et responsable de vos besoins.

- Les autres connaissent vos besoins et vos sentiments à leur égard.
- Votre attitude ouverte, directe et franche incite les jeunes à se comporter de même.
- Vous réduisez les risques de conflits et de tensions résultant de besoins inconscients ou inexprimés.
- Vous diminuez l'élément de surprise qui secoue souvent même les relations les plus intimes.
- Vous prenez l'entière responsabilité de vos projets et préparez la satisfaction de vos besoins futurs.
- Vos relations demeurent saines parce qu'elles sont fondées sur l'ouverture, la franchise et la satisfaction mutuelle de vos besoins.

Enfin, une conséquence moins évidente du message « je » de prévention, c'est que les enfants se rendent compte que leurs parents sont des êtres humains comme tout le monde, avec leurs besoins, leurs désirs et leurs préférences. Et, bien sûr, ces messages qui expriment un besoin offrent aux enfants la possibilité, sans qu'on leur dise quoi faire, de trouver une solution pouvant satisfaire leurs parents.

Une mère qui élève seule ses trois enfants adolescents nous décrit comment elle a émis un message « je » de prévention à son fils au sujet d'une réunion de parents de son école :

> Je sens mon fils Didier plus proche de moi, je peux lui exprimer mes sentiments. L'autre soir, je suis allée à cet événement organisé par le comité des parents et des enseignants où il devait jouer de la guitare et chanter. Il voulait que je vienne, mais je n'y étais jamais allée et, ne connaissant personne, je craignais un peu d'être laissée en plan. Alors j'ai dit : « Je n'ai jamais été à tes petites fêtes scolaires et j'ai un petit peu peur, tu sais. J'aimerais que

là-bas, tu ne me laisses pas seule. » Et il l'a fait ! Il m'a prise par le bras et m'a présentée à des tas de gens que je ne connaissais pas, il m'a apporté une tasse de thé. Il s'est vraiment occupé de moi ! (Gordon, 1979)

Option n° 6
Écouter l'enfant pour désamorcer sa réaction émotive

La réaction positive fréquente des jeunes face à vos messages « je » risque de vous surprendre. Toutefois, il vous arrivera de vous heurter à des réactions émotives et défensives. On comprend aisément que les messages « je » provoquent parfois ces réactions, car ils mettent les enfants devant la perspective de devoir modifier leur comportement habituel. Les enfants sont souvent surpris ou bouleversés d'apprendre ce que vous ressentez et n'aiment pas entendre dire que leur comportement est inacceptable ou qu'ils vous posent un problème, même si vous émettez un message « je ».

Donc, lorsque vous obtenez ce genre de réaction, assez courante, inutile de continuer d'assommer les enfants avec des messages d'affirmation comme le recommandent certains programmes de formation axés sur l'affirmation de soi. Si vous répétez votre message sans arrêt, l'enfant entendra ceci : « Je veux telle ou telle chose et je me fiche de tes besoins. »

Lorsque vous entendez une réaction émotive, vous devez passer rapidement de l'affirmation à l'écoute. Ce changement exprimera ceci : « Je désire être sensible aux sentiments que mon affirmation a provoqués en toi ; je reviendrai plus tard à mon besoin, mais pour l'instant, je suis prêt à comprendre tes sentiments. » En changeant ainsi de position, en passant de l'affirmation à l'écoute, vous indiquez que vous ne cherchez pas uniquement à satisfaire vos besoins au détriment de l'enfant. Bien que vous ne renonciez pas à satisfaire vos besoins, vous faites preuve d'empathie et voulez comprendre le problème que votre message « je » a posé à votre enfant. Cette attitude peut amener à un compromis.

Le « changement de position » a souvent pour effet de désamorcer la réaction émotive de l'enfant. En reconnaissant leurs sentiments, on incite les enfants à modifier d'eux-mêmes leur comportement. Ils trouvent plus facile de changer si l'adulte comprend combien cela est difficile pour eux. Voici un échange entre un père et sa fille qui illustre le « changement de position » et ses effets immédiats :

Père : Cela me dérange de voir la vaisselle sale dans l'évier. N'étions-nous pas d'accord pour que tu la fasses tout de suite après le dîner ?

Virginie : J'étais très fatiguée après le dîner parce qu'hier j'ai bûché jusqu'à trois heures du matin pour terminer mon travail.

Père : Tu n'avais vraiment pas envie de faire la vaisselle tout de suite après le dîner.

Virginie : Non. J'ai fait une sieste jusqu'à 21 h 30 et j'ai l'intention de laver la vaisselle avant de me coucher, d'accord ?

Père : D'accord.

Voici un autre exemple où l'enseignant change de position face à un élève peu ponctuel :

Enseignant : Alain, j'ai un problème. Quand tu arrives en retard, je dois m'arrêter ; cela me distrait de ma tâche et je me sens frustré.

Élève : Ouais, eh bien, j'ai été très occupé dernièrement et parfois je suis incapable d'arriver à temps.

Enseignant *(qui passe en position d'écoute)* : Je vois. Tu as de nouveaux problèmes depuis peu.

Élève : Oui. M. Carrier m'a demandé de l'aider au laboratoire après mon troisième cours… Je l'aide à préparer le quatrième cours. C'est une bonne affaire.

Enseignant : Tu es vraiment content qu'il t'ait demandé de l'aider. *(Écoute active)*

Élève : Justement ! Il me prendra probablement comme assistant au laboratoire l'année prochaine et cela ferait vraiment mon affaire.

Enseignant : Ce travail peut avoir des conséquences positives pour toi et tu trouves cela très important. *(Écoute active)*

Élève : Ouais. Je sais que ça vous dérange que j'arrive en retard, mais je ne pensais pas que cela poserait un tel problème. Vous savez, j'essaie de me glisser en douce à ma place.

Enseignant : Cela t'étonne un peu que ton retard me pose un tel problème alors que tu ne fais pas de bruit. *(Écoute active)*

Élève : Eh bien ! pas vraiment. Je vois votre point de vue. Vous êtes obligé de vous interrompre et de modifier la liste des présences. La plupart du temps, j'arrive en retard parce que je discute trop longtemps avec M. Carrier. Je lui dirai que ça vous pose un problème et je quitterai quelques minutes plus tôt, d'accord ?

Enseignant : Cela m'aiderait sûrement. Merci, Alain.

Élève : Pas de quoi !

Dans cet incident, l'enseignant exprime son problème avec un message « je » initial, puis se met en position d'écoute afin de permettre à Alain d'exprimer puis de démêler son propre problème jusqu'à ce qu'il trouve une façon acceptable d'aider l'enseignant à résoudre le sien.

Option n° 7
Résoudre le conflit par une solution gagnant-gagnant

Il arrive que ni les messages « je » ni le changement de position n'amènent l'enfant à modifier son comportement. Ces messages créent cependant une atmosphère de conciliation favorisant une résolution de conflit.

Bien que votre message « je » exprime clairement pourquoi son comportement vous paraît inacceptable, l'enfant peut éprouver un vif besoin de le poursuivre pour des raisons qui demeurent obscures pour vous. Dans ce cas, chacun de vous a un problème : vous n'aimez pas son comportement et lui doit satisfaire un besoin ! Même si vous émettez un second message « je » plus vigoureux, l'enfant ne voudra peut-être pas changer.

Cela n'est certainement pas une raison pour être permissif et abandonner la partie. Vous êtes encore aux prises avec vos besoins et votre problème. Votre rôle consiste à rechercher ensemble une solution qui comprend habituellement les quatre étapes suivantes :

1. Définir le problème. (Quels sont vos besoins et ceux de l'enfant ?)
2. Énumérer des solutions.
3. Évaluer ces solutions.
4. Choisir ensemble une solution acceptable pour les deux.

Un parent décrit comment fonctionne ce procédé :

> Notre cour est vraiment jolie, de sorte que tous les enfants du voisinage viennent jouer chez nous. Le problème, c'est que je ne voulais pas qu'ils viennent le dimanche matin, moment où je préfère lire mon journal tranquille en sirotant mon café. Je leur ai donc dit :

« J'apprécierais beaucoup que vous ne veniez pas avant midi parce que j'aimerais rester seul pour boire mon café et lire le journal. »

Mais cela n'a pas marché parce qu'ils sonnaient à la porte tous les quarts d'heure pour me demander s'il était midi. Mon message « je » était resté sans effet. J'ai donc décidé de résoudre le problème avec eux parce que j'aimais vraiment les enfants et que je voulais qu'ils se sentent à l'aise de venir chez nous, mais je voulais aussi avoir du temps pour moi-même.

Voici la solution que nous avons trouvée : à midi, je mets un drapeau rouge devant la maison et les enfants savent qu'ils peuvent venir jouer.

Le dimanche suivant, nous avons procédé ainsi et lorsque je suis sorti pour placer le drapeau, ils étaient tous là, alignés sur le trottoir, les yeux rivés à la maison afin de voir le moment où je placerais le drapeau. Cela a vraiment réglé le problème.

Dans le prochain chapitre, j'explique plus en détail la méthode de résolution de conflit sans perdant dont voici le fondement : lorsqu'un message « je » ne produit pas de résultat, vous devez envisager de chercher une solution répondant à vos besoins *et* à ceux de l'enfant.

Option n° 8
En colère, identifier le « sentiment premier »

Dès qu'ils entendent parler des messages « je », certains adultes ont l'impression qu'ils peuvent laisser jaillir leurs émotions comme un volcan.

Une fois, une mère est revenue au cours en annonçant qu'elle avait passé la semaine à se fâcher contre ses deux enfants. L'ennui, c'est que ceux-ci avaient une peur bleue de son nouveau comportement.

Pourquoi la colère est-elle si effrayante et si nocive pour les enfants ? Comment peut-on aider parents et enseignants à ne pas se fâcher ? Qu'est-ce au juste que la colère ?

À l'inverse de la plupart des sentiments, la colère est presque invariablement dirigée *contre* une autre personne. Elle s'exprime habituellement de cette manière : « Je suis en colère *contre toi* » ou « *Tu* m'as contraint à me fâcher », par des messages « tu » et non par des messages « je ». De plus, il est impossible de déguiser ces messages « tu » en disant : « Je suis en colère. » En conséquence, les enfants perçoivent la colère comme un message « tu » de reproche : ils se font dire qu'ils sont mauvais parce qu'ils ont provoqué la colère de l'adulte. Résultat : ils se sentent rabaissés, blâmés, coupables, réaction en tous points semblable à celle que provoque n'importe quel message « tu ».

Je suis persuadé que la colère est quelque chose que nous produisons, que nous « fabriquons », *après* avoir éprouvé un premier sentiment. Deux exemples illustrant ce phénomène :

> Je roule sur l'autoroute : tout à coup, un autre conducteur me coupe la route en voulant me doubler et il me frôle dangereusement. Mon sentiment premier est la peur : son comportement m'a fait peur. Comme j'ai eu la frousse, je klaxonne et je *montre* ma colère. Je vais même jusqu'à lui crier : « Imbécile, va donc apprendre à conduire. » Personne ne pourra nier qu'il s'agit là d'un message « tu ». Le but de mon comportement colérique est de punir l'autre conducteur ou de l'amener à se sentir coupable de m'avoir fait peur, afin qu'il ne recommence plus. (Gordon, 1977)

> Une mère perd son enfant dans un magasin à rayons. Son sentiment premier est l'inquiétude : elle craint qu'il lui arrive quelque chose. Si on lui demandait ce qu'elle éprouve en le cherchant, elle répondrait sans doute « Je suis

très inquiète » ou « J'ai terriblement peur ». Lorsqu'elle le retrouve finalement, elle éprouve un grand soulagement : « Dieu merci, il ne t'est rien arrivé. » Mais tout haut, elle n'emploie pas le même langage. Feignant la colère, elle émet un message comme « Méchant garnement » ou « Je suis vraiment fâchée contre toi ! Je t'avais bien dit de rester près de moi ». Elle *montre* de la colère afin de donner une leçon à l'enfant ou de le punir parce qu'il l'a effrayée.

En tant que sentiment secondaire, la colère se transforme presque toujours en message « tu » de reproche. Je suis persuadé que la plupart d'entre nous affichons délibérément de la colère afin de punir ou de donner une leçon à l'enfant, de lui montrer que sa conduite a suscité un sentiment désagréable, le sentiment premier, en nous. Lorsque nous nous fâchons contre les autres, nous endossons sans doute ce rôle à dessein afin de les influencer, de leur montrer ce qu'ils ont fait, de leur donner une leçon, de les persuader de ne pas recommencer, de nous venger. La colère est réelle puisqu'elle fait augmenter notre pression sanguine, accélérer notre pouls, bouillonner intérieurement et trembler extérieurement. Mais ces réactions surviennent après que nous nous soyons *mis en colère*. C'est ce jeu théâtral qui provoque ces changements physiologiques. Voici d'autres exemples :

Un enfant mange avec ses doigts au restaurant et ses parents se sentent embarrassés (sentiment premier). Leur sentiment secondaire est la colère : « Cesse de manger comme un bébé. Nous n'aurions jamais dû t'emmener aujourd'hui. »

Une fillette rapporte à la maison des notes plutôt médiocres. Sa mère commence par éprouver de la déception (sentiment premier), puis elle se met en colère : « Je savais que tu ne foutais rien de tout le semestre. Tu es fière de toi, j'espère ! »

Les enseignants peuvent, eux aussi, se mettre en colère après avoir éprouvé un sentiment premier. Voici des exemples :

Un élève manque de tomber par la fenêtre en essayant d'y accrocher une bannière. L'enseignant a peur (premier sentiment) ; puis il montre de la colère et dit : « Descends tout de suite ; je vois bien que tu n'es pas prudent. »

L'enseignante s'est mise en quatre pour préparer un exposé intéressant, mais ses élèves, agités et ennuyés, font circuler des messages sur des bouts de papier. Elle commence par être déçue, puis elle dit avec colère : « C'est la dernière fois que j'essaie de vous présenter ce sujet d'une manière intéressante. Vous êtes trop ingrats ! »

Un élève n'arrive pas à comprendre l'addition des fractions. Son professeur est frustré, puis il crie, en colère : « Tu ne fais même pas d'effort. C'est tellement facile qu'un élève de 6 ans aurait déjà compris ! »

Les enseignants admettent volontiers que les messages de colère n'aident pas les enfants à apprendre.

Comment pouvons-nous éliminer les messages « tu » de colère à l'endroit des enfants ? Comprenons la différence entre les sentiments premiers et secondaires. En se concentrant davantage sur ce sentiment premier, nous n'aurons pas besoin de fabriquer de la colère. En voici des exemples :

Mme Claire, une mère consciencieuse, a découvert que ses colères fréquentes à l'endroit de sa fillette de 12 ans constituaient des réactions secondaires et qu'en fait, elle était déçue de voir que sa fille n'était pas aussi studieuse qu'elle-même à son âge. Cette mère commençait à comprendre l'importance qu'avait à ses yeux la réussite scolaire de sa fille et comment, à chaque déception, elle la foudroyait avec des messages « tu » de colère.

M. Jean-Michel, un conseiller scolaire, comprit désormais pourquoi il se fâchait contre sa fille de 11 ans lorsqu'il sortait avec elle. À l'inverse de son père, qui était très sociable, elle affichait une grande timidité. Chaque fois qu'il la présentait à ses amis, elle refusait de leur tendre la main ou de dire les paroles d'usage. Son « bonjour » étouffé et presque inaudible embarrassait son père qui craignait d'être vu par ses amis comme un père dur et restrictif qui avait élevé une enfant soumise et craintive. Dès qu'il reconnut ce fait, il cessa de se fâcher dans ces moments-là et commença d'accepter le fait que sa fille n'avait tout simplement pas la même personnalité extravertie que lui. Lorsqu'il cessa de se mettre en colère, sa fille se sentit beaucoup moins intimidée.

Richard, un enseignant, nous décrit son expérience en ces termes :

J'étais souvent en colère contre Charles sans savoir au juste pourquoi. Charles était simplement une de ces personnes qui me prenaient à rebrousse-poil. Lorsque nous avons abordé le sujet au cours, je me suis demandé quelle était ma réaction première face à Charles. Je n'aime pas beaucoup avouer ce que j'ai découvert parce que cela me fait paraître beaucoup plus anxieux que j'ai l'impression de l'être, mais mon sentiment premier était la peur. Je craignais que Charles, avec son langage acerbe et son intelligence, me fasse perdre la face devant les autres élèves. La semaine dernière, je lui ai demandé de rester après la classe et je lui ai simplement dit combien je me sentais démuni lorsqu'il me reprenait sur un détail sans importance ou me posait des questions compliquées dont j'ignorais les réponses. Il était un peu étonné et m'a dit qu'il ne cherchait pas à me rabaisser, mais essayait de « marquer des points ». Nous avons fini par en rire et maintenant je ne me sens plus dépourvu. Lorsqu'il s'oublie et me pose une colle, je ris et lui dis : « Voilà un autre point pour toi, Charles ! »

Parents et enseignants qui expriment souvent des messages « tu » de colère devraient se regarder dans un miroir et se demander : « Qu'est-ce qui se passe ? Quels sont mes besoins frustrés par le comportement de l'enfant ? Quels sont les sentiments premiers que je n'aime pas ? »

Comment les messages « je » changent l'émetteur

Lorsque les adultes commencent à exprimer des messages « je », ils remarquent des changements non seulement chez l'enfant mais en eux-mêmes. Les différentes façons dont ils décrivent ce changement se résument à un sentiment accru de franchise, d'authenticité et d'ouverture :

« Je n'ai plus besoin de faire semblant lorsque je n'ai pas envie de jouer avec mon bambin. »

« Je suis beaucoup moins hésitant maintenant. »

« Je suis beaucoup plus congruent : mes paroles s'accordent avec mes sentiments. »

« Je me montre tel que je suis ; je suis franc avec les gens. »

« Grâce aux messages "je", je suis ouvert et franc avec les autres. »

En employant une nouvelle forme de communication franche, les adultes sentent au fond d'eux-mêmes la franchise que leurs messages « je » transmet aux autres. Le message

« je » est un outil qui leur permet d'entrer en contact avec leur vrai moi, ce que ne font pas les messages « tu » entièrement orientés vers les autres.

Nos entrevues avec les gens qui ont participé à la formation *Parents efficaces* nous prouvent hors de tout doute que le cours offre une sorte de formation à la franchise. C'est ce qu'atteste cette mère :

> Il me semble qu'avant le cours *Parents efficaces*, je devais jouer certains rôles, agir d'une certaine façon. Cela n'est plus nécessaire, je crois. Je suis libre d'être moi-même. Et libre de courir le risque d'être encore aimée et acceptée, sinon, tant pis… Cela a aussi donné la chance à mon mari d'être plus ouvert, plus disposé à aborder certains sujets et à exprimer ses sentiments.
>
> L'avantage d'émettre un message « je » franc et d'exprimer mes sentiments, c'est que j'ai maintenant la permission de dire : « Je n'ai pas le temps » ou « Je ne peux pas le faire maintenant ».

Un père, nous dit combien il a changé :

> Cela va beaucoup mieux parce que nous avons tous deux cessé de faire des promesses que nous ne pouvons pas tenir. C'est un vrai soulagement. Si c'est non, nous leur disons : « Non, peut-être demain, mais maintenant j'ai un travail urgent à faire. »

Une mère décrit comment elle et son mari ont appris à exprimer leurs véritables sentiments :

> Ce qui nous a semblé le plus difficile, c'est d'accepter des sentiments négatifs que nos familles avaient toujours censurés. Nous étions tous censés être heureux, nous intéresser

à toutes sortes de choses et avoir diverses activités. S'ennuyer ou se sentir déprimé, cela ne se faisait pas. Je trouve vraiment formidable d'avoir appris, grâce au cours *Parents efficaces*, que je pouvais me sentir comme cela.

Un autre parent se sent libéré grâce aux messages « je » :

Cela me libère, je crois... de pouvoir m'exprimer sans me sentir coupable d'être centré sur moi. C'est utile, à mon avis, d'avoir la liberté d'émettre ces messages aux enfants. Je n'avais pas l'habitude de dire : « Vous savez, je me sens comme ceci ou cela. »

Les messages « je » aident les parents à laisser sortir leurs sentiments au lieu de les refouler, comme l'explique ce parent :

Avec un message « je », je n'étouffe pas mes sentiments. J'exprime ce que je ressens tout en sachant que quelqu'un m'écoute. Que l'autre réagisse ou non, la situation n'est plus aussi noire qu'avant.

Rémi Guérin, le directeur d'une école spécialisée pour jeunes délinquants, donne un exemple précis de ce que peuvent réaliser les messages « je » :

Pendant des semaines, j'avais toléré les comportements d'un groupe de garçons qui transgressaient sans cesse les règlements de l'école. Un matin, je regardais par la fenêtre de mon bureau quand je les vis par hasard jouer sur la pelouse. Ce fut la goutte d'eau qui fit déborder le vase. Tout récemment, j'avais participé à une formation *Enseignants efficaces*, où on m'avait parlé des messages « je » : je suis sorti précipitamment et leur ai communiqué quelques-uns de mes sentiments : « Ah ! oui, les gars, j'en ai marre ; je suis tellement découragé ! J'ai tout essayé pour vous aider à profiter au maximum de votre temps d'école. Je me suis dépensé corps et âme à ma tâche. Et tout ce que vous trouvez à faire, c'est d'enfreindre le règlement. Je me suis débattu comme un diable avec les autorités pour qu'on vous permette d'avoir la coupe de cheveux de votre choix, mais ce n'est pas encore assez. Et maintenant, voilà que vous jouez sur la pelouse, ce qui va aussi à l'encontre des règlements. J'ai envie de tout plaquer ici pour m'en aller dans une école secondaire ordinaire, où j'aurai l'impression de faire quelque chose d'utile. J'ai l'impression d'avoir complètement échoué ici. »

Ce même après-midi le groupe m'a fait la surprise d'une visite. « Salut, monsieur Guérin, nous avons réfléchi à ce qui s'est passé ce matin. Nous ne savions pas que ça vous frustrait à ce point. Jusqu'ici on ne vous avait jamais vu comme cela. Nous ne voulons pas d'autre directeur que vous ici. Nous avons décidé de respecter tous les règlements de l'école. » (Gordon, 1980)

Après s'être remis de son choc, Rémi Guérin nous a confié que ses relations avec ses élèves se sont grandement améliorées ce jour-là et les jeunes se sont beaucoup rapprochés les uns des autres. Quand tout le monde a quitté la pièce, ils se sentaient très proches et foncièrement amis, ce qui est rare entre adultes et élèves dans une école.

Cette histoire illustre clairement jusqu'à quel point les jeunes peuvent réagir de façon responsable quand les adultes leur parlent d'égal à égal. Je crois qu'ils sont flattés de savoir qu'ils sont les seuls à pouvoir répondre aux besoins de l'adulte dans une situation donnée. Enseignants et directeurs sous-estiment la volonté de leurs élèves de respecter les besoins des adultes ! Quelle chance d'exprimer ouvertement leurs sentiments !

En émettant des messages « je », parents et enseignants donnent aussi l'exemple : ils montrent qu'il est légitime d'exprimer aux autres ce qu'on veut obtenir d'eux. Ils montrent aussi qu'il existe une manière constructive d'exprimer ses sentiments.

Les enfants exposés à cet apprentissage apprennent à employer les messages « je » eux-mêmes pour obtenir ce qu'ils veulent dans leurs relations. Comme les adultes leur parlent franchement, ces enfants se montrent ouverts, francs, directs et authentiques avec les autres. Les autres leur font confiance à leur tour parce qu'ils savent toujours ce qu'ils pensent ou ressentent.

Il est évident que les messages « je » ne servent pas à contrôler les enfants, mais leur laissent plutôt la responsabilité de se contrôler eux-mêmes. Ils cultivent le sens des responsabilités et de la discipline chez les jeunes. Une expérience classique confirme ce principe fondamental. Les enfants de la maternelle possédant une grande maîtrise de soi et beaucoup d'autodiscipline sont issus de parents qui n'emploient ni brimades ni punitions, mais recourent plutôt au raisonnement, au message « je ». Ces messages aident les enfants à se rendre compte des effets de leur comportement et à *développer leur conscience ou leur contrôle interne, leur autodiscipline*.

De tels messages sont beaucoup plus efficaces lorsque les parents acceptent des comportements de leurs enfants. L'enfant d'un parent plutôt acceptant prêtera une attention particulière à l'occasionnel message « je » qui lui indique que tel comportement n'est pas acceptable. En revanche, l'enfant d'un parent presque toujours inacceptant pourrait ne pas remarquer ni réagir à « un autre » message de non-acceptation. (Baumrind, 1967)

Une enseignante a réussi à réduire les comportements perturbateurs de ses élèves de 50 % et à augmenter de 25 % le temps qu'ils consacraient à l'étude. Une autre qui a exprimé des messages « je » à huit élèves en a vu six améliorer leur comportement et quatre consacrer davantage de temps à l'étude. (Peterson *et coll.*, 1979)

Une étude confirme que les effets du message « je » persistent tandis que ceux de la punition physique s'émoussent. (Parke, 1969)

On a découvert qu'une image positive de soi est reliée à une grande motivation, que ce soit dans les sports, le travail ou l'étude. Les jeunes qui ont une bonne estime d'eux-mêmes ont plus d'amis, sont plus aptes à résister aux pressions nocives de leurs camarades, sont moins sensibles à la critique ou à l'opinion d'autrui, ont un quotient intellectuel plus élevé, sont mieux informés, possèdent une meilleure coordination physique, sont moins timides et sujets au trac, et plus aptes à s'affirmer et à faire respecter leurs besoins. L'estime de soi s'avère le pilier de la santé mentale.

Les mères des garçons possédant une grande estime d'eux-mêmes emploient « le raisonnement verbal et la discussion » tandis que celles des garçons ne s'aimant pas beaucoup eux-mêmes recourent à une discipline punitive. (Coopersmith, 1967)

Un peu plus loin, nous examinerons une étude révélant que l'effet le plus remarquable de la méthode *Parents efficaces* est l'amélioration de l'estime de soi des enfants.

CHAPITRE SEPT

DE NOUVELLES FAÇONS DE GOUVERNER LES FAMILLES ET LES CLASSES

Dans le chapitre précédent, nous avons étudié les façons dont un parent ou un enseignant peut influencer efficacement un enfant afin qu'il modifie de lui-même un comportement inacceptable par l'adulte plutôt que d'employer l'*autorité* ou les messages « tu » de reproche. Dans le présent chapitre, je propose une autre solution de rechange à la discipline fondée sur le pouvoir, une façon nouvelle et meilleure de gouverner les enfants et les élèves.

Cette nouvelle approche vise à prévenir les comportements inacceptables. Elle a déjà fait ses preuves dans nombre d'entreprises et peut être aussi efficace dans les familles et les écoles.

La gestion participative

Les entreprises sont le siège d'une révolution tranquille avec l'avènement d'un nouveau style de direction appelé *gestion participative*. Cette nouvelle formule augmente la participation des employés aux décisions concernant le milieu de travail, les méthodes de production, le contrôle de la qualité, la conception des produits et des services, ainsi que les règlements et les lignes de conduite de l'entreprise.

De plus en plus, les entreprises américaines et européennes adoptent cette philosophie de gestion démocratique. La formation *Leaders efficaces* offre les procédés et les méthodes pour employer cette approche. (Gordon, 1996)

La participation des employés aux décisions et à la résolution des problèmes présente les avantages suivants :

> Des hausses de rendement de 10 % et plus se maintiennent pendant plusieurs années. Les griefs sont tombés de 3 000 à 15 et sont demeurés à ce niveau. L'absentéisme et le roulement de main-d'œuvre ont diminué de moitié. Les employés se sentent mieux dans leur peau. Ils sont heureux d'aller travailler. Ils manifestent une meilleure estime de soi et une meilleure confiance en soi. (Simmons et Mares, 1983)

La gestion participative donne aux employés une participation directe aux décisions qui touchent à leurs tâches.

La gestion participative entraîne une redistribution radicale du pouvoir au sein de l'organisation. Les travailleurs détiennent une plus grande mainmise sur leurs conditions de travail et prennent, de concert avec leurs leaders, les décisions concernant les règlements de l'organisation.

Dans les écoles, les enseignants et les directeurs commencent à reconnaître que la participation des élèves aux décisions constitue un élément clé pour assurer l'ordre et la bonne entente.

William Glasser, psychiatre et conseiller scolaire renommé, a instauré cette approche dans des centaines d'écoles.

Ces enseignants emploient l'apprentissage coopératif et appliquent la gestion participative.

Les élèves développent un sentiment d'appartenance en travaillant en équipe comprenant des élèves de bas, de moyen et de haut niveaux.

Les élèves les plus doués trouvent gratifiant d'aider les plus faibles et de créer la camaraderie.

Les élèves plus faibles se sentent utiles à l'effort de l'équipe. Les élèves ne dépendent pas uniquement du professeur. Ils se fient à eux-mêmes, à leur propre créativité et aux membres de leur équipe.

Le professeur modifie régulièrement la composition des équipes pour que tous les élèves aient la chance de faire partie d'une équipe performante. (Glasser, 1996)

Un examen exhaustif de 122 études publiées entre 1924 et 1980 confirme la supériorité du travail d'équipe sur la compétition. (Johnson *et coll.*, 1981)

De plus, le travail d'équipe crée des liens et rapproche les personnes de races et de milieux différents. Lorsque le travail d'équipe rapproche les enfants, ceux-ci continuent de passer du temps ensemble après les cours.

Un nombre croissant d'écoles adoptent de nouveaux procédés qui offrent aux élèves la chance de participer davantage aux décisions concernant ce qui se passe dans la classe et à l'extérieur.

Certaines écoles permettent même aux élèves de surveiller leurs propres progrès scolaires et d'identifier les matières où ils sont plus faibles. Dans l'une de ces écoles, on a découvert que les élèves amélioraient de manière significative leurs habitudes scolaires et leurs notes. (McLaughlin, 1984)

Certaines écoles secondaires invitent les élèves à établir leurs objectifs scolaires, puis conçoivent des cours personnalisés pour les aider à atteindre ces objectifs. (Burrows, 1973)

Certaines écoles confient aux élèves la responsabilité de corriger les comportements de leurs camarades qu'ils jugent improductifs. (Duke, 1980)

D'autres sollicitent l'opinion des élèves sur les aptitudes pédagogiques de leurs professeurs et leurs suggestions concernant l'amélioration des relations enseignants-élèves. (Jones et Jones, 1981)

Des écoles encore plus avant-gardistes invitent les élèves à participer aux décisions concernant le choix des manuels, l'absentéisme, les retards, les ajouts au programme, les compressions budgétaires, l'économie d'énergie et la discipline scolaire. (Aschuler, 1980 ; Urich et Batchelder, 1979)

De plus en plus d'éducateurs éminents reconnaissent la valeur de cette nouvelle philosophie de gestion pour inculquer aux élèves le sens de la discipline.

> La responsabilité axée sur l'autodiscipline exige la participation des étudiants aux décisions afin qu'ils sentent qu'ils comptent et sont maîtres de leur vie. Elle s'apprend à force d'affronter des problèmes, de trouver des solutions et d'en appliquer les décisions. N'importe quel enseignant peut trouver des façons de confier aux élèves des responsabilités dans sa classe. (Combs, 1985)

Une école fondée par feu Lawrence Kohlberg, de l'université Harvard, constitue un remarquable exemple du principe de participation. On y cultive l'autodétermination, l'affection mutuelle, la solidarité collective, l'évolution morale, la gestion démocratique et l'emploi des problèmes qui surviennent naturellement dans les classes et l'école comme fondement des discussions et des décisions à caractère moral. Un comité d'équité, composé d'élèves, d'enseignants et de directeurs résout les problèmes disciplinaires. (Kohlberg, 1980)

Le raisonnement des élèves évolue et s'humanise avec le temps et ceux-ci respectent davantage les règles qu'ils ont eux-mêmes établies. (Wasserman, 1976)

Une étude menée auprès de 18 écoles secondaires alternatives révèle que les enseignants comme les élèves affichent des problèmes de comportement moins nombreux et moins graves que ceux qui fréquentent des écoles secondaires traditionnelles. Les relations personnalisées entre enseignants et élèves, la participation des élèves à la gestion de l'école et les règlements non autoritaires contribuent à assurer un faible taux de problèmes disciplinaires. (Duke et Perry, 1978)

Un nouveau modèle d'enseignement d'abord appelé « Éducation personnalisée » fonctionne ainsi :

> Ce milieu d'apprentissage est caractérisé par le respect mutuel. Les enfants y sont traités d'égaux à égaux avec les adultes et possèdent des droits et des obligations établis par une « constitution » démocratique. Ce système propose quatre objectifs d'évolution de l'élève :
>
> 1. *Responsabilité :* les enfants participent aux décisions concernant leur instruction, avec l'aide des conseils réalistes des adultes.
> 2. *Respect :* les adultes respectent les élèves et les élèves respectent les adultes.
> 3. *Débrouillardise :* les enfants ont l'occasion de se préparer à assumer trois aspects importants de leur vie : travail, vie familiale, participation sociale.
> 4. *Sensibilité :* on s'efforce de créer un milieu scolaire où règnent la confiance et la bienveillance.
>
> Voici quelques autres caractéristiques de cette approche :
>
> 1. Au cours de la journée scolaire, les enfants ont le choix entre plusieurs activités et lieux de travail.

2. Ils peuvent apprendre leurs matières de cinq façons différentes :
- travail en classe ;
- étude à la bibliothèque ;
- travail avec des camarades ;
- travail avec le professeur ou son adjoint ;
- étude à la maison.

3. Chaque enfant choisit un membre du corps enseignant comme professeur et conseiller.

4. Il n'y a pas de notes.

5. Le type et le niveau d'apprentissage sont fondés sur des tests objectifs hebdomadaires portant sur des tranches précises de matières.

6. Les professeurs communiquent avec les parents en présence de l'enfant.

7. Il n'existe pas de bulletin, mais des rapports de progrès hebdomadaires remis aux élèves, qui sont invités à les montrer à leurs parents.

8. Les enfants établissent leur propre rythme d'apprentissage et peuvent étudier simultanément divers sujets à différents niveaux.

9. Le rendement scolaire des enfants n'est souligné par aucune récompense, distinction ni attention spéciale.

L'ambiance démocratique et détendue de l'école est attribuable à deux facteurs :
- une philosophie axée sur la liberté et la responsabilité ;
- un système disciplinaire simple, fondé sur trois règles et des conséquences logiques, prévisibles et acceptées au préalable par tous (parents et enfants) appliquées lorsqu'une règle est violée.

Voici ces trois règles :

1. Ne fais rien qui pourrait être dangereux ou préjudiciable.

2. Trouve-toi toujours dans un lieu supervisé ou en route d'un lieu supervisé à un autre.
3. Si un professeur te prie de quitter la classe, sors tout de suite et en silence.

Tous les élèves connaissent les trois règles de l'école et les conséquences de leur violation. Le professeur-conseiller de l'élève joue le rôle d'avocat devant le directeur en cas d'infraction. Chaque enfant comprend clairement les conséquences précises d'une série d'infractions. *Exemple :* après six fautes, l'enfant est convoqué en présence du directeur, de son professeur-conseiller et de ses parents. (Corsini et Lombardi, 1988)

Les groupes ont besoin de règlements

Les défenseurs de la « bonne vieille discipline » et d'une autorité stricte tentent souvent d'étayer leur position en affirmant qu'une absence de discipline imposée par les adultes nous conduirait droit à l'anarchie : sans règles, les enfants s'en donneraient à cœur joie.

Or, les écoles peuvent laisser tomber la discipline punitive tout en conservant des règlements et des lignes de conduite aptes à régir le comportement de leurs membres. Une absence totale de règles ne constitue pas la seule solution de rechange aux règles entièrement conçues par les adultes.

Tous les groupes, quelle que soit leur taille ou leur nature, ont besoin de lois, de règlements, de lignes de conduite et de procédés normalisés. Je ne cherche pas à nier cette nécessité, car sans cela, les groupes risquent de tomber dans le chaos et les affrontements. Les règlements et les lignes de conduite jouent donc un rôle indispensable : ils permettent de prévenir les malentendus et les conflits interpersonnels, de préciser les droits et les privilèges de chacun, de désigner les comportements justes et équitables au sein des relations humaines et renseignent les gens sur les limites à respecter.

Les groupes ont besoin de règles, mais la façon d'inciter tous les membres du groupe à respecter ces règles fait toute la différence ! Si les jeunes participent à l'établissement des règles, ils seront plus portés à les respecter et se feront même un point d'honneur de le faire. Lorsqu'on encourage la participation des enfants aux décisions, tant dans la famille qu'à l'école, on obtient souvent des solutions plus ingénieuses aux problèmes. Deux têtes (ou trois ou quatre ou vingt-quatre) valent mieux qu'une et les décisions prises en commun seront fondées non seulement sur la connaissance et l'expérience des adultes, mais aussi sur celles des enfants.

En somme, il y a plusieurs avantages à établir les règlements avec les enfants.

1. Les enfants sont davantage portés à appliquer ou à respecter les règlements.
2. On prend de meilleures décisions.
3. Des relations plus étroites et plus chaleureuses s'établissent entre les adultes et les enfants.
4. Ce procédé accroît l'estime de soi, la confiance et le sentiment de maîtriser son destin chez les enfants.
5. Cette façon de faire développe le sens des responsabilités et de la discipline des enfants.

Les parents ayant participé à notre formation *Parents efficaces* nous fournissent des centaines d'exemples illustrant l'emploi du principe de participation lorsqu'il s'agit d'élaborer des règles et de prendre des décisions. « La résolution d'un problème en six étapes » facilite la tâche en famille ou en groupe et aide à trouver des solutions ingénieuses à toutes sortes de problèmes de la vie quotidienne.

La résolution d'un problème en six étapes

Pour illustrer ce procédé de résolution d'un problème qui passe de sa définition à l'énumération de solutions pour aller jusqu'à l'application de la décision, prenons un problème qui se posait dans ma famille il y a quelques années : qui fait quoi dans la maison ? Comment répartir les tâches domestiques en famille ? Ce problème courant entraîne habituellement beaucoup de querelles et de frustrations.

D'habitude ce sont les parents qui décident qui fera quoi, les enfants ayant rarement voix au chapitre. Et, comme ils n'aiment pas se voir imposer des corvées, les enfants négligent ces tâches à moins d'être talonnés par leurs parents. En fait, la plupart des enfants considèrent que les corvées domestiques incombent aux adultes, puisqu'on leur demande d'« aider maman à faire la vaisselle » ou d'« aider papa à laver la voiture ».

On peut répartir les tâches beaucoup plus efficacement en intégrant tous les membres de la famille au processus et en commençant avec une liste des corvées routinières. On désigne ensuite le responsable de chaque tâche, la fréquence de celle-ci et les normes de qualité à respecter.

Je me rappelle fort bien la réunion au cours de laquelle notre famille a abordé ce sujet complexe. Cette réunion avait été convoquée par ma femme, Linda, qui en avait trop sur les bras depuis qu'elle travaillait à temps plein à l'extérieur de la maison.

Dans les pages suivantes, à mesure que je décris notre méthode de résolution de problème, je souligne les six étapes que notre famille a franchies et que nous enseignons aux parents et aux enseignants. Nous recommandons aux personnes concernées de suivre ces étapes, quel que soit le type de problème à régler : personnel (qu'est-ce que j'attends vraiment de la vie ?), familial (quelles règles devrions-nous suivre pour regarder la télé ?) ou un conflit parent-enfant (votre fils veut s'acheter une moto, mais vous vous y opposez fortement en raison des dangers que cela comporte).

Linda a commencé la réunion en énonçant son problème au moyen de messages « je ».

Première étape
Identifier le problème

« Je ne peux pas effectuer la même somme de travail qu'auparavant, lorsque je restais à la maison. Je voudrais que nous décidions comment répartir les tâches domestiques d'une manière équitable. Commençons par en dresser la liste. »

Michelle, ma benjamine, et moi (après quelques grognements initiaux) avons donc accepté de dresser cette liste avec Linda. À notre grande surprise (mais non à celle de Linda, bien sûr !), la liste comprenait 26 points différents.

Deuxième étape
Énumérer des solutions possibles

Puis nous avons lancé des idées en vrac. « Que chacun de nous choisisse les tâches qu'il préfère. Nous pourrions combiner certaines corvées, comme préparer le dîner et faire la vaisselle ou laver et nourrir le chien. » Cela nous a pris environ une demi-heure à énumérer un éventail de solutions possibles.

Troisième étape
Évaluer les solutions

« Je trouve trop lourd de devoir veiller à l'entretien des deux voitures. »

« Arroser les plantes prend bien moins de temps que faire les courses. » « Celui qui fait la vaisselle devrait aussi balayer le sol de la cuisine et de la salle à manger. » « Qui fera la vaisselle du petit déjeuner ? » Cette troisième étape nous a pris une autre demi-heure, si mon souvenir est exact.

Quatrième étape
Choisir une solution

Finalement, nous étions prêts à choisir les meilleures solutions. Comme j'avais pris des notes, j'ai relu la liste des différentes tâches en mentionnant le responsable et en demandant fréquemment : « Est-ce bien ce que nous avons décidé ? »

Cinquième étape
Appliquer la solution

Nous n'étions pas au bout de nos peines, puisque nous devions régler également quelques détails délicats concernant l'application de nos décisions. « À quelle fréquence devrait-on laver le chien ? » « Dans quel délai la vaisselle doit-elle être rangée et le plancher balayé après le dîner ? » « Que ferons-nous si nous dînons à l'extérieur un soir où l'un de nous doit cuisiner ? » « Qui dressera la liste d'épicerie ? » Nous avons pris encore dix minutes pour régler ces détails.

Sixième étape
Évaluer les résultats

Il nous restait un autre point à régler lors d'une réunion ultérieure. « Comment savoir si nos décisions sont efficaces ? » « Que faire si l'un de nous ne veut plus se charger d'une de ses tâches ? » Nous nous sommes entendus pour mettre nos décisions à l'essai pendant deux semaines. Puis, si l'un de nous désirait changer de tâche, il convoquerait une réunion où nous en discuterions ensemble. Si je me souviens bien, lors de la seconde réunion, seule Linda avait une frustration à formuler concernant mon oubli de balayer le plancher les soirs où je cuisinais. Je répondis que le plancher me paraissait propre, mais elle rétorqua qu'à deux reprises, elle avait ramassé des poussières et des miettes. J'ai dû admettre que je détestais balayer et qu'en conséquence, je m'arrangeais pour oublier cette corvée en espérant que personne ne le remarquerait !

Nous avons respecté nos décisions pendant plusieurs années jusqu'au jour où Michelle nous informa qu'elle n'aimait plus cuisiner. Elle nous offrait de se charger de la vaisselle et du balayage pendant six soirs si Linda et moi acceptions de cuisiner un soir de plus chacun. Nous avons acquiescé sans hésitation parce que nous en avions assez de manger le jambon ou les hamburgers que Michelle nous servait immanquablement les soirs où elle était à la cuisine.

Je tiens à préciser que tous les problèmes ne se résolvent pas d'une manière aussi ordonnée. Il arrive souvent qu'une personne propose une solution tellement géniale à la deuxième étape qu'elle éclipse toutes les autres et raccourcit de beaucoup l'étape de l'évaluation. Il arrive aussi que les personnes ne pouvant s'entendre sur une solution doivent revenir à la deuxième étape afin d'en imaginer de nouvelles, ou encore à la première afin de redéfinir le problème.

Essayez d'identifier chacune des six étapes de la résolution de problème ci-dessous, que nous ont exposée les parents de deux enfants de 7 et 9 ans. L'un des parents a décrit leur réunion comme il suit :

> La télévision posait un problème à l'heure du dîner. Les enfants allaient la regarder en emportant leur assiette et refusaient de s'asseoir à table. Cela faisait toute une

histoire chaque soir. Lors d'une séance de résolution de problème, la question est venue sur le tapis. Ma femme et moi avons émis nos messages « je ». La télévision nous posait un problème.

« Je prends plaisir à discuter avec vous pendant le dîner, à vous écouter me raconter votre journée et à parler de la mienne. J'ai de la peine quand je ne peux pas le faire. »

« J'ai un problème : je ne sais plus quand préparer le dîner, le garder chaud, quand le servir. »

« Quand nous vous obligeons à manger à table, vous protestez. Vous boudez et personne ne profite du repas. »

« Quand vous mangez devant la télé, vous laissez vos assiettes sur place. »

« Nous sommes déçus de ne pas pouvoir bavarder avec vous. »

À leur tour, les enfants exprimèrent leurs besoins :

« Les meilleures émissions pour notre âge sont diffusées entre 18 et 19 heures. »

« C'est au moment où nous commençons tout juste à nous intéresser à une émission que vous nous appelez pour dîner. C'est frustrant ! »

Nous avons commencé à chercher des solutions ensemble :

1. « Le dîner pourrait être servi à la même heure tous les jours. On n'écouterait pas la télévision à ce moment-là. »

2. « Comme je travaille deux soirs par semaine vous pourriez regarder la télévision en mon absence. »

3. « Nous pourrions regarder une seule émission par soir pendant la semaine, avec une exception pour les émissions spéciales. »

> Nous nous sommes mis d'accord sur ces trois solutions combinées.
>
> Les chamailleries autour de la télévision ont cessé. Les enfants ont sélectionné minutieusement leurs émissions et ont tenu leur promesse de n'en écouter qu'une seule par soir. Nous n'en attendions pas tant d'eux et nous avons trouvé cela merveilleux. Désormais, nous avons du temps pour jouer le soir en famille. Les enfants ont du temps pour faire leurs devoirs et se couchent plus tôt. Nous avons respecté ces dispositions pendant environ deux ans. Après, les habitudes étant prises, les enfants ayant grandi, nous n'avions plus besoin de règles à ce sujet. Le problème a simplement cessé d'exister. Aujourd'hui encore, nous regardons la télévision avec modération.

Les participants à *Parents efficaces* nous ont fourni de nombreux exemples de la résolution de problème avec les enfants. Grâce à cette méthode en six étapes, les familles établissent des lignes de conduite et concluent des ententes sur tous les types de problèmes imaginables : quand écouter la télévision ; à quelle heure se coucher ou rentrer le soir ; comment informer les autres de l'endroit où chacun se trouve ; comment rentrer à la maison en sécurité quand on a trop bu ; comment se servir du téléphone d'une manière adéquate ; comment utiliser la piscine sans danger ; comment traiter les étrangers qui viennent à la maison ; comment manipuler les appareils compliqués ou dangereux ; où aller en vacances, et ainsi de suite.

Nous ne préconisons pas de solutions « miracles » aux problèmes. Nous offrons plutôt un procédé, la résolution de problème en six étapes, pour aider chaque famille à trouver les *solutions les plus appropriées pour elle*. Des familles différentes peuvent trouver des solutions différentes au même problème.

Cette méthode ne produit pas une solution *définitive*. Les membres d'une famille peuvent se rendre compte que leur première solution n'était pas efficace et qu'ils doivent se réunir de nouveau pour en trouver une meilleure. Les conditions peuvent changer, les enfants grandissent ou la famille déménage, et tous ces changements peuvent exiger de nouvelles solutions. Cette méthode est efficace par sa souplesse et sa capacité d'adaptation.

La résolution de conflit sans perdant

La décision coopérative de règles vise à prévenir les conflits et elle joue certainement ce rôle mieux que les décisions unilatérales des adultes. La plupart des parents et des enseignants sont soit stricts, soit indulgents, durs ou mous, autoritaires ou permissifs dans leurs rapports avec les enfants. Enfermés dans cette vision tranchée des choses, ils sont portés à considérer leurs relations avec les enfants comme une lutte de pouvoir, un combat destiné à prouver qui est le plus fort.

Un parent déclarait :

> Il faut commencer tôt à leur faire comprendre qui est le patron, sinon ils ne savent pas s'arrêter et vous dominent. C'est le problème avec ma femme : elle finit toujours par laisser les enfants avoir le dessus et ils le savent.

Deux mères d'adolescents déclarent :

> J'essaie de laisser mes enfants faire ce qu'ils veulent, mais alors j'en souffre. Ils me marchent dessus. Vous leur donnez un centimètre et ils prennent un mètre.

> Je me fiche de son opinion et de ce que font les autres parents, mais il n'est pas question que ma fille porte une coiffure punk. Je suis intraitable sur ce point et je gagnerai cette bataille.

Les enfants, aussi, voient leur relation avec leurs parents comme une lutte de pouvoir. Catherine, une jeune fille intelligente de 15 ans, qui inquiète ses parents parce qu'elle refuse de leur parler, nous a avoué :

> À quoi ça sert de se quereller avec eux ? Ils gagnent toujours. Je le sais avant même de commencer à discuter. Après tout, ce sont eux les parents et ils savent qu'ils ont raison. Alors maintenant, je ne discute plus ; je m'en vais et ne leur parle pas.

Thomas, 16 ans, a appris à affronter l'attitude gagnant-perdant de ses parents d'une manière différente :

> Si je veux vraiment faire quelque chose, j'évite de consulter ma mère parce qu'elle dit toujours non. J'attends le retour de papa, car je peux habituellement le convaincre de se ranger de mon côté. Il est beaucoup plus souple et j'obtiens habituellement ce que je veux avec lui.

En général, les parents et les enseignants veulent régler les conflits au moyen d'une solution qui les fait gagner ; d'autres cèdent aux enfants « par crainte de les frustrer ». Alors c'est *l'enfant qui gagne* au détriment de l'adulte.

La méthode autoritaire et la méthode permissive sont deux approches gagnant-perdant.

Lorsqu'un conflit survient entre un adulte et un enfant, l'adulte autoritaire trouve une solution et l'impose à l'enfant. S'il résiste, l'adulte menace d'employer ou emploie le pouvoir afin de forcer l'enfant à lui céder. *L'adulte gagne et l'enfant perd.*

Lorsqu'un conflit survient entre un adulte et un enfant, l'adulte permissif essaie de persuader l'enfant d'accepter sa solution. S'il résiste, l'adulte cède ou abandonne et laisse l'enfant libre de faire ce qu'il veut. *L'enfant gagne et l'adulte perd.*

Mais les effets de la méthode autoritaire sur le perdant sont assez prévisibles : ressentiment, peu d'intérêt à appliquer la solution, et réaction d'adaptation : *se battre, fuir ou se soumettre.* Les adultes paient cher l'emploi de la méthode autoritaire, car ils passent beaucoup de temps à imposer la décision : harceler, rappeler, pousser, menacer. Ils risquent aussi d'éloigner l'enfant et lui ôtent la chance de participer à la résolution du problème.

En revanche, les adultes permissifs doivent céder, se montrer faussement tolérants et sacrifier la satisfaction de leurs besoins en faveur de ceux de l'enfant. Leurs enfants ne sont pas tentés de se rebeller, de se montrer hostiles ou agressifs ni de céder ou de se soumettre. Toutefois, ces enfants ont tendance à piquer des colères, ils provoquent la culpabilité des adultes et profèrent des méchancetés pour parvenir à leurs fins. Ils grandissent avec l'idée que leurs besoins sont plus importants que ceux des autres ; ils croient qu'on leur doit tout et manquent d'égard envers les autres. Ils ne sont pas très aimables. Les enfants qui obtiennent toujours gain de cause à la maison s'attendent à ce qu'il en soit de même avec leurs camarades, mais ces derniers, comme leurs professeurs, les trouvent « gâtés ».

La méthode permissive provoque également le ressentiment et la colère des adultes. Il est difficile pour les parents et les enseignants d'aimer un enfant qui n'en fait qu'à sa tête. Les parents permissifs trouvent, en général, que leur tâche leur pèse et ont hâte de voir les enfants quitter la maison. Leur rôle de parents leur procure peu de joie.

Comme peu d'adultes ont connu autre chose que les méthodes autoritaires et permissives dans leur enfance, ils sont étonnés de voir que nous leur proposons une troisième méthode de résolution des conflits, où personne ne perd, où les deux parties gagnent. Voici le fondement de cette « méthode sans perdant ».

Quand un conflit survient entre un adulte et un enfant, l'adulte demande à l'enfant de participer à la recherche commune de solutions acceptables pour l'un et pour l'autre. Chacun peut suggérer des solutions, qu'on évalue alors ensemble. Les deux parties choisissent la meilleure solution, puis décident comment l'appliquer. Il n'y a ni contrainte ni rapport de force.

Le conflit n'a rien de nocif en soi. En fait, toutes les relations entraînent des malentendus et des différends. Une absence de conflit pourrait signifier que les enfants ont peur de leurs parents ou de leurs professeurs. C'est l'approche « gagnant-perdant » qui rend le conflit si destructeur.

Voici clairement la distinction entre la coopération et la compétition.

> Dans un esprit de coopération, un conflit est un problème *commun à régler en collaboration*. Les besoins de chacun sont considérés comme légitimes et on s'applique à y trouver une solution. (Deutsch, 1985)

La coopération n'exclut pas le conflit ; elle crée plutôt un climat dans lequel le conflit peut être résolu d'une manière créative sans les effets nocifs de la lutte du pouvoir. C'est dans cet esprit de collaboration que les participants aux formations *Parents efficaces* et *Enseignants efficaces* emploient notre méthode sans perdant pour trouver des solutions acceptables tant pour eux que pour l'enfant.

Cette méthode ne s'emploie pas uniquement avec les adolescents ; elle donne également de merveilleux résultats avec les tout-petits. Voici un bref exemple de résolution de conflit entre Julie, 3 ans, et sa mère :

Julie : Je ne veux plus aller chez ma gardienne.
Mère : Tu n'aimes pas aller chez Mme Lacombe quand je travaille.
Julie : Non, je ne veux pas y aller.
Mère : Je dois aller travailler et tu ne peux pas rester à la maison toute seule, mais cela te rend vraiment malheureuse d'aller là-bas. Que pourrions-nous faire pour te faciliter la chose ?
Julie *(silence)* : Je pourrais rester sur le trottoir en attendant que tu t'en ailles.
Mère : Mais tu dois être à l'intérieur avec les autres afin que Mme Lacombe sache où tu es.
Julie : Je pourrais me mettre à la fenêtre pour te regarder partir.
Mère : Tu te sentirais mieux ?
Julie : Oui.
Mère : D'accord. Nous allons essayer cela la prochaine fois.

La méthode sans perdant s'emploie même avec les nourrissons. Je me rappelle très bien un incident survenu alors que ma fille Judy avait 5 mois.

Nous avions loué un chalet au bord d'un lac pour un mois. Judy n'avait pas faim entre 23 h et 7 h. Judy commença à se réveiller à 4 h pour boire. Il faisait froid dans le chalet. Donc, il fallait prendre le temps d'allumer un feu ou nous enrouler dans une couverture pour nous réchauffer. Ce conflit requérait une résolution conjointe.

Nous avons alors offert à Judy une autre option dans l'espoir qu'elle la trouve acceptable. Au lieu de la nourrir à

23 h le lendemain, nous l'avons fait dormir jusqu'à minuit. Le lendemain, elle a dormi jusqu'à 5 h. Ce qui était déjà mieux.

Le lendemain soir, nous avons veillé à ce qu'elle boive un peu plus, puis nous l'avons recouchée vers minuit trente. Cela a fonctionné et elle a « accepté » notre solution, si l'on peut dire, car le lendemain et tous les autres matins, elle a dormi jusqu'à 7 h, heure à laquelle nous nous levions de toute façon. Personne ne perdait, tout le monde gagnait.

Voici un autre exemple rapporté par une mère d'un tout jeune enfant :

> « Mon bébé menait grand tapage dans son parc, hurlant et secouant les barreaux, mais je voulais qu'il y reste parce que j'avais beaucoup à faire. »

Première étape
Définir le conflit et identifier le problème

> En pensant à la méthode sans perdant, j'ai donc commencé à envisager différentes solutions. Je lui ai d'abord donné à boire.

Deuxième étape
Énumérer des solutions

> Il refusa.

Troisième étape
Évaluer les solutions

> J'ai mis un hochet dans le parc (étape 2), il l'a ignoré, hurlant toujours (étape 3). Je me suis alors rappelé une babiole que j'avais achetée et empaquetée peu de temps auparavant ; je suis allée la chercher et je lui ai remis la

boîte enrubannée (étape 2). Il a immédiatement cessé de pleurer et commencé à jouer avec la boîte en essayant d'enlever le ruban.

Quatrième étape
Choisir une solution

Il est resté occupé avec son joujou pendant une demi-heure et moi j'ai pu faire le ménage.

Cinquième étape
Appliquer la solution

Tout en allant le voir de temps en temps.

Sixième étape
Évaluer les résultats

La mère n'a pas perdu, l'enfant non plus ! Tous deux ont gagné sans proférer une parole.

L'utilisation précoce de la méthode sans perdant peut exercer une puissante *action préventive* dont les avantages les plus importants vous apparaîtront quelques années plus tard. En commençant par les problèmes plus faciles des tout-petits, vous aurez acquis une certaine compétence lorsque vous affronterez les problèmes plus épineux des adolescents : conflits à propos de l'argent de poche, de l'utilisation de la voiture ou du téléphone, de la musique trop forte, du trop grand nombre d'amis à la maison, des vêtements à acheter et à ranger, etc. Vous récolterez même des avantages encore plus importants : vous aurez beaucoup moins de conflits avec vos adolescents que vous n'en auriez normalement. Au lieu des tempêtes, du stress et des drames que vivent bien des parents d'adolescents, vous connaîtrez des relations harmonieuses avec vos enfants.

Dans la plupart des activités, la compétence vient avec la pratique. Il en va de même avec la résolution de conflit sans perdant. En commençant à agir de la sorte quand vos enfants sont jeunes, vous prenez l'habitude de résoudre vos conflits sans perdant. Et plus vous le ferez, plus vous et vos enfants trouverez cela facile. À chaque nouveau conflit, chacun de vous adoptera l'attitude suivante : « Je veux trouver une façon de satisfaire mes besoins et les tiens aussi. » Et comme vous aurez réussi à faire cela dans le passé, vous serez persuadé que vous pouvez réussir à le faire encore.

Si vous avez employé avec succès la méthode sans perdant longtemps, il est probable que ni vous ni vos enfants n'engagerez une lutte de pouvoir à l'apparition d'un nouveau conflit. Vous saurez comment régler un conflit en discutant et non en vous battant ; en négociant plutôt qu'en vous opposant tous deux. Vous verrez que la plupart des conflits ne se rendront même pas jusqu'à la table de négociation, mais seront résolus rapidement, d'une manière informelle et sans que les esprits s'échauffent.

Au lieu de vous voir comme un adversaire, ce qui est la vision que nombre d'adolescents ont de leurs parents, votre fils ou votre fille vous considérera comme un ami et un conseiller. Votre relation sera fondée sur le respect, l'affection et l'amour.

Traiter les collisions de valeurs

La méthode sans perdant est rarement efficace lorsque parents et enfants rencontrent un type de conflit autour des valeurs, des croyances et des goûts personnels : habillement, philosophie de la vie, choix d'amis, etc. On appelle ces conflits particuliers *collisions de valeurs*. La méthode sans perdant n'est pas toujours appropriée parce que les jeunes ne veulent pas négocier leurs valeurs, qui sont pour eux des choix personnels. Comme tout citoyen, ils estiment avoir le droit de choisir leurs valeurs, leurs croyances et leurs préférences. Comme les jeunes d'autrefois, ils sont prêts à défendre ardemment ce droit. Ils se révolteront contre toute tentative des adultes de les faire entrer dans leur moule, de les forcer à agir selon leurs critères. Ils refuseront de négocier parce que leurs valeurs ne sont pas négociables à leurs yeux.

Ils seront prêts, toutefois, à essayer la méthode sans perdant s'il est clair pour eux que leur comportement fait obstacle, d'une façon tangible, à la satisfaction des besoins de leurs parents. Dans ce cas, ils sont en général disposés à participer à la résolution de problème, à modifier le comportement qui apparaît inacceptable à l'autre personne et à respecter ses besoins. Mais ils refuseront de le faire si leur comportement ne la touche pas d'une manière bien concrète.

Les enfants ne diffèrent pas des adultes sur ce point. Combien d'adultes sont prêts à modifier leur comportement pour la simple raison que quelqu'un pense qu'ils devraient le faire ? Pour que les adultes acceptent de négocier, ils doivent, eux aussi, être convaincus que leur comportement nuit vraiment à l'autre personne.

Il faut retenir de tout cela que la méthode sans perdant n'est pas la bonne méthode à utiliser lorsqu'on veut changer les valeurs et les croyances des jeunes. Un enfant changera ses valeurs si ses parents peuvent le persuader que son comportement a un effet négatif concret sur sa vie. Sinon, il ne jugera pas valable d'en discuter.

Voici quelques comportements des enfants qu'ils considèrent non négociables :

- avoir les oreilles percées ;
- porter une minijupe, des jeans serrés, des espadrilles usées jusqu'à la corde ;

- arborer une coiffure punk ;
- avoir un ami ou une amie que ses parents n'aiment pas ;
- vouloir cesser ses études pour devenir musicien rock ;
- s'inscrire dans une église de confession différente ;
- fumer la cigarette ;
- ne pas faire ses devoirs ;
- fréquenter une personne de race ou de religion différente ;
- veiller tard ;
- dépenser son argent en vétilles ;
- fumer de la marijuana.

Prenons l'un des comportements ci-dessus. Supposons que ma fille porte une coiffure punk. Puis-je la convaincre que sa coiffure a un effet tangible sur moi ? Sa coiffure ne me fera pas congédier, elle ne réduira pas mon revenu, ne m'empêchera pas de fréquenter les amis de mon choix, n'affectera pas mon habileté au tennis, ne me fera pas grossir, ne m'empêchera pas d'écrire ce livre, ne me coûtera ni temps ni argent.

À vrai dire, je ne pourrai sans doute jamais convaincre ma fille que sa coiffure hérissée a un effet concret sur moi ni qu'elle entrave la satisfaction de mes besoins. Alors pourquoi devrais-je m'attendre à ce qu'elle renonce à une chose qu'elle aime de toute évidence et qui compte à ses yeux ?

Cela signifie-t-il que parents et enseignants ne peuvent pas espérer influencer les valeurs des enfants, leur transmettre celles qui leur sont chères ainsi que leurs croyances fondamentales ? Rassurez-vous, les adultes *peuvent* influencer considérablement les valeurs de leurs enfants.

Tout d'abord, les adultes enseignent *constamment* leurs valeurs aux enfants en vivant en accord avec leurs croyances, en leur donnant l'exemple, en mettant en pratique ce qu'ils prêchent. Et plus les relations sont harmonieuses entre parents et enfants, plus l'influence des premiers est grande. En effet, les enfants adoptent plus facilement les valeurs des adultes qu'ils aiment et respectent.

Parents et enseignants peuvent aussi influencer les enfants en partageant avec eux leurs connaissances, leur expérience et leur sagesse un peu comme un consultant le fait avec son client. Pour jouer ce rôle le plus efficacement possible, toutefois, les adultes doivent respecter les mêmes règles que les consultants efficaces :

- Assurez-vous d'être « embauché » par l'enfant ou l'élève, c'est-à-dire qu'il fait appel à vos services et fait confiance à votre autorité fondée sur l'expérience. Demandez-lui s'il veut entendre votre opinion ou vos conseils.
- Assurez-vous de bien connaître le *véritable* besoin ou problème de l'enfant ou de l'élève. Cela vous aidera à décider quelle information ou quel type d'expérience convient à son cas et si vous possédez ou non cette information et cette expérience.
- Faites part de votre savoir au lieu de prêcher.
- Proposez au lieu d'imposer.
- Suggérez au lieu d'exiger.
- Laissez vos enfants responsables d'accepter ou de rejeter votre point de vue.
- Ne harcelez pas constamment vos enfants pour qu'ils acceptent votre point de vue.
- Ne les humiliez pas s'ils ne vous écoutent pas.
- N'insistez pas si vous sentez de la résistance chez eux.
- Utilisez ensuite votre outil le plus précieux : l'écoute active.

La plupart des adultes font de la « vente sous pression » qui entraîne chez les enfants des réactions défensives.

« Laisse-moi tranquille ! » « Cesse de me harceler ! » « C'est ma vie et pas la tienne ! » « Je sais trop bien ce que tu en penses ! »

Un père nous a raconté comment il a essayé de mettre en pratique nos conseils en matière de consultation.

> Mon fils avait décidé de faire pousser un plant de marijuana avec deux copains du voisinage. L'un d'eux en avait déjà cultivé à plusieurs reprises et il a des problèmes affectifs sérieux. Un jour, et ce jour-là seulement, j'ai exprimé le fond de ma pensée à mon fils : « Je pense que ta décision de faire pousser de l'"herbe" reste ta responsabilité, aussi longtemps que ce n'est pas sur notre propriété, auquel cas nous pourrions avoir des ennuis légaux. Et tu dois savoir que si ce garçon est pris, tu pourrais être impliqué. Il est plus que probable qu'il va en vendre pour faire de l'argent, et cela pourrait aussi te compromettre en tant que trafiquant, ce qui est illégal. » C'est tout ce que j'ai dit, une seule fois, directement et fortement, comme je le sentais. Je n'en ai pas reparlé depuis. Je ne sais pas ce qui est arrivé, mais j'ai fait mon boulot de consultant et c'est à peu près tout ce que je pouvais faire. Avant, je l'aurais harcelé à mort là-dessus.

Quand le conflit de valeurs touche les travaux scolaires et l'étude, la cigarette, les relations sexuelles, l'habillement, les notes, le choix d'amis ou les drogues, vous constatez sans doute que ni votre exemple ni vos talents de consultant ne peuvent résoudre ce type de conflit. Même si les conflits de valeurs sont pénibles, vous éprouveriez une souffrance encore plus grande si vous gâchiez votre relation avec votre enfant. Votre seule option demeure alors d'accepter le fait que vous ne le changerez pas. Le lecteur se rappellera peut-être ce poème profond qui devient très approprié en cas de conflit de valeurs :

> Le courage de changer ce que je peux changer.
> La sérénité d'accepter ce que je ne peux pas changer.
> Et la sagesse d'en connaître la différence.

Parents et enseignants auront parfois besoin de sérénité pour accepter ce qu'ils ne peuvent pas changer, parce qu'ils se heurteront inévitablement à des conflits de valeurs insolubles, à des moments où même l'exemple qu'ils donnent aux jeunes et leurs efforts les plus vigoureux ne réussiront pas à les amener à changer ce qui compte tellement à leurs yeux.

Chapitre huit

Aider les enfants à résoudre eux-mêmes leurs problèmes

Dans les deux chapitres précédents, j'ai mis l'accent sur la nécessité d'influencer les enfants afin qu'ils tiennent davantage compte des besoins des adultes, et sur la façon dont parents et enseignants peuvent amener les enfants à changer d'eux-mêmes leurs comportements inacceptables, à se conformer aux règles et à respecter leurs ententes. Comme nous l'avons vu, les méthodes visant à les influencer pourront, bien davantage que la punition et le contrôle, inciter les enfants à modifier leur comportement afin de respecter les besoins des adultes.

Néanmoins, il faut comprendre que même ces méthodes risquent d'échouer si les adultes ne respectent pas le droit des enfants de satisfaire leurs propres besoins et ne les aident pas à le faire. *Les enfants seront disposés à vous aider lorsque leur comportement vous pose un problème si vous les avez aidés quand ils ont eu des problèmes.*

Les enfants qui sont prêts à coopérer, qui sont sensibles aux besoins, aux sentiments et aux problèmes des adultes, ont des enseignants et des parents qui tiennent compte de leurs besoins, de leurs sentiments et de leurs problèmes. Si un adulte se plaint de leur comportement, les enfants refuseront de le changer ou d'aider l'adulte si celui-ci a refusé de les aider. Par conséquent, il est très important pour les parents et les enseignants d'apprendre à aider efficacement les enfants qui ont des problèmes.

De plus, les enfants frustrés ou malheureux parce qu'ils n'arrivent pas à résoudre *leurs* problèmes adoptent plus souvent des comportements antisociaux ou autodestructeurs et causent des ennuis aux adultes et aux autres. En apprenant à aider efficacement les enfants « délinquants », parents et enseignants peuvent *prévenir* ces comportements « antisociaux ».

Bien des comportements antisociaux et autodestructeurs traduisent les frustrations des enfants, leur besoin d'appartenir à un groupe et de compter pour les autres.

Trop de parents croient que l'échec et les privations sont de bonnes stratégies à adopter pour leurs enfants tandis que le succès et la satisfaction de leurs besoins contribuent à les affaiblir ou les gâter. En fait, il a été maintes fois prouvé que la résolution des problèmes et la satisfaction des besoins fondamentaux sont à la base d'une attitude saine, coopérative, prévenante, responsable et autodisciplinée. Donc les parents et les enseignants qui aident les jeunes à satisfaire leurs besoins réduiront de beaucoup les problèmes de discipline.

La plupart des adultes ne sont pas de bons conseillers auprès des enfants, ce qui explique pourquoi tant d'enfants se plaignent que les adultes ne les écoutent ou ne les comprennent pas.

Les parents et les enseignants peuvent apprendre et employer des méthodes qui ont fait leurs preuves pour aider les jeunes à résoudre leurs problèmes. Ce sont les procédés utilisés par les psychologues, les travailleurs sociaux, les conseillers familiaux, les thérapeutes, etc.

Avant de décrire et d'illustrer ces procédés d'aide, examinons le processus de résolution de problème, les étapes que franchissent les gens qui règlent avec succès les problèmes de la vie courante.

Aider les enfants à employer le procédé de résolution de problème

Lorsqu'on réussit à régler un problème, on a recours à un certain procédé, de façon consciente ou non. Ce procédé en six étapes de résolution de problème a été décrit au chapitre précédent.

Première étape : Identifier et définir le problème
Deuxième étape : Énumérer des solutions possibles
Troisième étape : Évaluer les solutions
Quatrième étape : Choisir une solution
Cinquième étape : Appliquer la solution
Sixième étape : Évaluer les résultats de la décision

Les parents et les enseignants devraient garder ces étapes en mémoire pour aider un enfant à résoudre son problème.

Toutefois, il est plus délicat d'aider les tout-petits, qui ne parlent pas encore. Les adultes doivent alors participer activement au procédé de résolution de problème parce que les bambins dépendent presque entièrement d'eux pour satisfaire un grand nombre de leurs besoins. Mais à mesure qu'ils grandissent, les enfants sont davantage capables de cerner eux-mêmes leur problème, de trouver des solutions et de les évaluer, et d'en choisir la meilleure. En voici un bref exemple rapporté par un enseignant à l'école primaire :

Élève : J'ai oublié mes livres de maths à la maison.
Enseignant : Mmm, je vois que tu as un problème.
Élève : Ouais, j'ai besoin de mon manuel et du travail que j'étais en train de faire.

Enseignant : Je me demande quelles sont les solutions qui s'offrent à nous.
Élève : Je pourrais téléphoner à ma mère pour lui demander de me les apporter, mais il lui arrive de ne pas entendre le téléphone sonner.
Enseignant : Ça pourrait bien ne pas marcher, hein ?
Élève : Je pourrais prendre le manuel à la bibliothèque et commencer une nouvelle page puisque je sais à quel endroit j'en étais.
Enseignant : On dirait que ton problème est résolu.
Élève : Oui.

Les adultes qui veulent aider les enfants doivent autant que possible les laisser régler leurs problèmes par eux-mêmes : c'est essentiel pour développer leur autonomie. La meilleure attitude consiste sans doute à laisser faire l'enfant jusqu'à ce que vous soyez à peu près certain qu'il est incapable de résoudre son problème sans votre aide.

Les adultes peuvent parfois aider les enfants plus âgés en les guidant avec sensibilité à franchir les six étapes du procédé. On doit alors veiller à ne pas pousser l'enfant. En général, le jeune peut franchir les six étapes sans aucune aide de la part de l'adulte. S'il en a besoin, soyez attentif aux indices qu'il donne lorsqu'il est prêt à passer à l'étape suivante. Voici ce que l'adulte peut dire lorsqu'il pense que l'enfant est prêt à franchir une étape :

De la première à la deuxième étape

« As-tu l'impression de comprendre suffisamment ton problème pour commencer à envisager des solutions ? »

« Es-tu prêt à penser aux façons de résoudre ton problème ? »

De la deuxième à la troisième étape

« As-tu vraiment pensé à toutes les solutions possibles ? »

« Penses-tu avoir assez de solutions pour pouvoir commencer à les évaluer ? »

« As-tu d'autres idées ? »

De la troisième à la quatrième étape

« On dirait que tu connais la meilleure solution ! »

« As-tu arrêté ton choix sur l'une des solutions possibles ? »

De la quatrième à la cinquième étape

« Maintenant que tu as choisi la meilleure solution, comment pourras-tu l'appliquer ? »

« Es-tu prêt à décider qui fait quoi et quand ? »

De la cinquième à la sixième étape

« De quelle façon sauras-tu si ta solution est vraiment la bonne ? »

« Il serait peut-être bon que tu choisisses tout de suite le moment où tu évalueras les résultats de ta décision. »

Il est clair qu'à titre de guide, l'adulte ne s'immisce pas dans le contenu du problème, mais aide le jeune à franchir les étapes qui l'aideront à résoudre son problème.

De nombreux participants à la formation *Parents efficaces* nous ont raconté des situations où ils ont aidé leurs enfants à régler leurs problèmes. Certains nous ont avoué leur étonnement devant l'ingéniosité que manifestaient leurs enfants lorsqu'on leur laissait la chance et la responsabilité de résoudre leurs problèmes par eux-mêmes et à leur manière. Une mère raconte comment sa fille de 10 ans, Alice, a résolu son problème :

> Alice est une enfant plutôt sage en classe. L'autre jour elle est rentrée en pleurs à la maison. Un torrent de larmes qui a duré un quart d'heure. « Ce n'est pas juste. Je déteste mon prof ! Il est méchant. Il n'écoute personne ! » Tout cela parce que son prof l'avait changée de place et elle en était très perturbée. Elle avait essayé de lui parler, mais il avait refusé de l'écouter. Après qu'elle eut vidé toute sa colère, elle s'est calmée. Je lui ai dit : « S'il ne t'écoute pas, comment pourrais-tu attirer son attention ? » Elle a répondu : « Tiens ? Je pourrais lui écrire un mot. » Elle a donc écrit ce mot, en ajoutant qu'elle était très frustrée, que ce n'était pas juste d'agir ainsi envers quelqu'un qui était sage et qu'elle souhaitait être libre de choisir sa place. Elle ajouta qu'elle était consciente qu'il était difficile pour son professeur d'écouter chacun avec autant d'élèves dans sa classe. Elle a emporté son mot et, ma foi, le professeur l'a lu, et il l'a laissée choisir sa place ! Je n'arrivais pas à le croire.

L'échange ci-dessous illustre comment un autre parent participa activement à la deuxième étape, l'énumération des solutions, avant de se retirer pour laisser son fils franchir seul les troisième, quatrième et cinquième étapes (évaluer les solutions, choisir une solution, appliquer la solution) :

Nicolas : Maman, que se passerait-il si quelqu'un, en jouant dans la cour d'un voisin, décrochait la corde à linge ?

La mère : Tu as l'air soucieux, Nicolas.

Nicolas : Oui, je ne connais pas ces personnes. Je me suis juste sauvé.

La mère : Tu es inquiet parce que tu as pris la fuite ?

Nicolas : Non, j'ai peur ! Qu'est-ce qu'ils peuvent me faire ?

La mère : Tu as peur de ce qu'ils pourraient te faire pour avoir cassé leur corde à linge.

Nicolas : Pas rien que moi, Alex aussi était là et nous étions en train de jouer avec les fils juste à côté de chez Thierry, et ils se sont cassés, alors nous nous sommes enfuis, et maintenant j'ai peur qu'ils découvrent qui l'a cassée.

La mère : Tu as l'air très embêté.

Nicolas : Oui, maman, que dois-je faire ?

La mère : Tu ne sais que faire.

Nicolas : Maman, si tu étais moi, que ferais-tu ?

La mère : Ah ! Si j'étais toi… Je pense que j'aurais le choix. Je pourrais oublier tout simplement que c'est arrivé et, comme tu ne les connais pas, ils ne découvriront probablement jamais qui a fait ça. Ou je pourrais demander à papa de m'aider à réparer la corde. Ou je pourrais aller leur dire que j'ai cassé leur corde à linge et que je serais heureux d'essayer de la réparer. Ou je pourrais demander à Alex de m'aider à la réparer. Il y a beaucoup de choses que je pourrais faire, je crois, mais comme ça, à chaud, Nicolas, je ne sais vraiment pas ce que je choisirais.

Nicolas : Oh ! *(silence)*

Nicolas s'est alors installé devant la télé. J'ai supposé qu'il allait simplement oublier toute cette histoire. Un bout de temps est passé, puis il s'est levé et est sorti. Un quart d'heure plus tard il se ruait dans la maison, très excité : « Eh ! maman, j'avais décidé d'aller dire à ces gens que j'avais brisé leur corde à linge, que j'étais désolé et que j'allais essayer de la réparer. Eh bien ! le monsieur a été très gentil, il a dit : “Oh ! ce truc tombe toujours, ne t'en fais pas

> pour ça, mais merci de m'avoir averti." N'est-ce pas qu'il est gentil, maman ? »

La maman ajouta un commentaire :

> Quand mon mari est rentré, Nicolas était si content de lui qu'il lui a raconté toute l'histoire. Ce fut un moment très exaltant pour Nicolas. Il était si fier de lui, et nous l'étions aussi… Il était capable de prendre une décision de son propre chef.

Parents et enseignants ne voient pas toujours l'enfant franchir les étapes de la résolution de son problème. Il arrive souvent qu'un enfant exprime ses sentiments et définisse son problème (première étape), puis s'arrête là, comme s'il avait simplement besoin de se confier et de reconnaître son problème. La maman de Mathieu, âgé de 2 ans, décrit une de ces scènes :

> Il pleurait toujours beaucoup quand il avait mal. À la garderie, il a eu pour copains des enfants qui avaient coutume d'arriver en disant : « J'ai fait bobo ! J'ai fait bobo ! » en criant et en pleurant pour qu'on les console. L'autre jour il est arrivé avec ses « fait bobo » – ce n'était rien du tout – et j'ai dit : « Oh ! on dirait que tu t'es fait vraiment mal. » Et hop, il est reparti ! Juste ça. Et depuis, j'utilise cette écoute. Quelque chose d'efficace doit se passer dans la tête de l'enfant quand il sent : « On m'a entendu, on m'a compris. »

Cette mère reconnaît qu'à l'occasion l'enfant a seulement besoin d'être écouté, compris, accepté comme une personne qui a mal ou peur, qui est déçue, triste ou seule. Quand ils sont fiers d'eux, ils disent : « Regarde, maman, je roule à bicyclette ! » ou « Eh ! papa, je me tiens en équilibre sur la tête ! » Quand ils ont un problème, ils disent : « J'ai peur du tonnerre » ou « Je me suis écorché le genou ».

Le langage de la non-acceptation et ses risques

La croyance populaire veut que si on accepte vraiment un enfant, il ne changera pas. On croit que pour aider les enfants à s'améliorer on doit souligner leurs défauts. C'est pourquoi la plupart des adultes émettent presque uniquement des messages « de correction » : ils jugent, critiquent, prêchent, font la morale, insultent, blâment, font des sermons, menacent, commandent. Toutes ces attitudes reflètent la *non-acceptation* de l'enfant.

Or, les recherches et l'expérience des conseillers et des psychologues démontrent que pour aider les autres à changer, on doit d'abord les accepter comme ils sont.

Quand un enfant exprime son problème, le parent ou l'enseignant emploie en général « un obstacle à la communication » qui reflète la non-acceptation de l'enfant.

Quelle serait votre réponse, par exemple, à un adolescent de 14 ans qui dit :

> « Je n'arrive pas à faire mes devoirs. Je déteste ça. Et je déteste l'école. C'est ennuyant à mort. On ne nous apprend rien d'important dans la vie. Quand j'aurai l'âge, je quitterai l'école. Il n'est pas nécessaire d'aller à l'école pour réussir dans la vie ! »

Voici quelques-unes des réponses typiques des parents ou des enseignants et l'obstacle correspondant à chaque réponse :

Réponse typique	Obstacle à la communication
« Pas question qu'un de mes enfants quitte l'école. Je ne le permettrai pas. »	1. Ordonner, commander, exiger.
« Si tu quittes l'école, je te coupe les vivres. »	2. Menacer, mettre en garde.
« Apprendre, c'est l'expérience la plus enrichissante qui soit ! »	3. Faire la morale, prêcher.
« Pourquoi ne fais-tu pas un plan de travail pour tes devoirs ? »	4. Conseiller, donner des solutions.
« Un diplômé universitaire gagne près de la moitié plus qu'un diplômé de l'école secondaire. »	5. Argumenter, donner des faits.
« Tu ne vois pas plus loin que le bout de ton nez. Ce que tu viens de dire montre ton manque de maturité ! »	6. Juger, critiquer, blâmer.
« Tu as toujours été un bon élève plein de potentiel. »	7. Complimenter, louanger.
« Tu parles comme un clochard. »	8. Étiqueter, ridiculiser.
« Tu n'aimes pas l'école parce que tu dois faire des efforts. »	9. Interpréter, analyser.
« Je sais ce que tu ressens, mais tu aimeras mieux l'école l'année prochaine. »	10. Rassurer, consoler.

« Que feras-tu sans éducation ? Comment gagneras-tu ta vie ? »	11. Enquêter, questionner.
« Comment ça va ton basket-ball en ce moment ? »	12. Esquiver, distraire.

Ces douze obstacles risquent fortement de provoquer une ou plusieurs des réactions suivantes. L'enfant :

- se tait ;
- adopte une attitude défensive ;
- résiste et contre-attaque ;
- se sent incompétent ou inférieur ;
- éprouve du ressentiment, de la rancœur ;
- se met en colère ;
- se sent coupable ou méchant ;
- ne se sent pas accepté tel qu'il est ;
- résiste parce qu'on essaie de le changer ;
- sent qu'on ne lui fait pas confiance pour résoudre ses problèmes ;
- a l'impression qu'on prend en charge son problème ;
- se sent incompris ;
- a l'impression qu'il a tort de ressentir ces émotions ;
- se sent interrompu, non écouté ;
- se sent frustré ;
- se sent comme un témoin qu'on interroge pendant un procès ;
- a l'impression qu'on ne s'intéresse pas à son problème, qu'on veut se débarrasser de lui.

Des parents nous ont communiqué leurs expériences de situations où ils utilisaient des obstacles avec leurs enfants :

> Quand Thomas a commencé à aller à la maternelle, il rentrait à la maison sans souffler mot de ce qui s'était passé le matin. Je lui posais des questions ; il ne voulait pas répondre. Alors j'ai commencé à remarquer qu'il répondait rarement à toute question. C'est très frustrant pour une mère institutrice d'avoir un enfant qui ne veut pas parler quand on l'interroge. J'ai découvert très vite que mon habitude de questionner Thomas l'indisposait grandement. Il avait horreur d'avoir tort. Aussi, plutôt que de répondre de travers à une question, il préférait ne pas répondre du tout. Sa seule défense, c'était le silence. Alors, petit à petit, j'ai découvert que je peux obtenir des confidences en adoptant des manières plus douces. Quand je suis patiente, quand j'écoute attentivement, il raconte quelque chose sur sa journée d'école. Petit à petit, il a commencé à s'ouvrir et à se confier.

Lorsque les enfants disent : « Mes parents ne m'écoutent pas », ou : « Les professeurs ne comprennent pas », ou : « Je ne peux jamais discuter d'un problème avec mes parents », ils soulignent que les adultes emploient des obstacles à la communication. L'emploi abusif du langage de la non-acceptation chez les enseignants a des effets nocifs sur les élèves :

- Le niveau moyen d'empathie, de compréhension, d'authenticité et de respect témoigné par les enseignants à leurs élèves équivaut à peu près à celui du grand public.
- Le niveau moyen de compétence des enseignants et des directeurs en empathie, en authenticité et en respect des élèves est en bas du seuil d'efficacité minimal. (Aspy et Roebuck, 1983)

Ces chercheurs concluent que la plupart des enseignants et des directeurs d'école sont peu aptes à aider les enfants.

L'acceptation : l'attitude aidante fondamentale

Accepter une personne telle qu'elle est constitue la *seule* façon d'amener cette personne à changer, de l'aider à résoudre ses problèmes, à se développer psychologiquement et à augmenter sa capacité d'apprendre. C'est là un des magnifiques paradoxes de l'existence : quand une personne sent qu'on l'accepte telle qu'elle est, elle se sent libérée, et disposée à penser à ce qu'elle souhaite devenir et à développer son potentiel.

La plus grande récompense que j'aie reçue au cours de ma carrière a été de découvrir qu'on peut enseigner aux parents et aux enseignants comment montrer aux enfants qu'ils les acceptent sincèrement.

Lorsque les adultes apprennent à montrer cette acceptation, ils se retrouvent en possession d'un outil remarquable pour aider les enfants à résoudre par eux-mêmes les inévitables problèmes de la vie.

Évidemment, vous ne pouvez pas vous contenter d'accepter les autres ou d'éviter les obstacles à la communication. L'enfant doit *sentir* que vous l'acceptez. Vous devez le montrer d'une manière active et l'*exprimer* clairement. Je vous explique comment y parvenir dans les prochaines pages.

Comment montrer son acceptation

Il existe trois façons principales de montrer qu'on accepte l'autre : la non-intervention, l'écoute attentive et l'écoute active.

La non-intervention

Les adultes peuvent se montrer acceptants en ne s'immisçant pas dans les décisions de l'enfant ; ils lui indiquent alors que son comportement est acceptable puisqu'il ne reçoit aucun message de désapprobation. Trop souvent, toutefois, les adultes ont de la difficulté à rester observateur dégagé. Imaginez qu'un enfant essaie de construire un château de sable à la plage. Avec les meilleures intentions du monde, les parents lui disent : « Fais ton château loin de l'eau » ; « Tu dois mouiller davantage le sable » ; « Ne le mouille pas trop » ; « Il faut presser le sable davantage » ; « Est-ce qu'il ne manque pas un mât à ton château ? » ; « Ton château va tomber » ; « Laisse-moi t'aider ». Dès lors, l'enfant a l'impression qu'il n'est pas assez habile pour « concevoir » son propre projet. En revanche, le silence bienveillant des parents manifeste un message d'acceptation. L'enfant sent que ce qu'il fait est bien, que son père accepte qu'il édifie son château à sa manière et qu'il résolve ses difficultés en trouvant ses propres solutions.

L'écoute

Une autre façon de montrer à l'enfant qu'on l'accepte consiste à demeurer silencieux pendant qu'il exprime ses sentiments ou expose son problème. On se montre attentif en adoptant une posture ouverte et en le regardant d'un air intéressé. Le dialogue qui suit illustre cette méthode :

Enfant :	On m'a envoyée chez le directeur aujourd'hui.
Parent :	Ah ! oui ?
Enfant :	Oui. Parce que je bavardais pendant le cours.
Parent :	Je vois.
Enfant :	Je ne peux pas sentir ce vieux fossile. Il reste là assis à parler de ses problèmes ou de ses petits-enfants et il s'attend à ce que nous soyons captivés. C'est d'un ennui mortel, tu ne peux pas savoir.
Parent :	Mm…mm.

Enfant : On ne peut pas rester assis là à ne rien faire ! On devient fou. Jeannette et moi nous racontons des blagues pendant qu'il parle. C'est le pire professeur que tu peux imaginer. Cela me rend furieuse quand j'ai un professeur nul.

Parent : *(Silence)*

Enfant : Je suppose que je ferais mieux de m'y habituer parce que je n'aurai pas toujours de bons professeurs. Les profs nuls sont plus nombreux que les bons et si je les laisse me démoraliser, je n'aurai pas les notes qu'il faut pour être admise dans une bonne université. J'imagine que c'est à moi de me prendre en main.

Sa mère observant un silence attentif, l'adolescente a pu dépasser le simple fait qu'elle avait été envoyée chez le directeur. Elle s'est sentie suffisamment en confiance pour reconnaître la raison de sa punition, exprimer sa colère, affronter les conséquences de son attitude face aux professeurs et enfin conclure qu'elle devrait elle-même résoudre son problème. Comparez cette attitude avec les réponses typiques des adultes :

« Quoi ? Oh non ! Tu n'as pas encore été prise à jacasser ! »

« Tu as eu ce que tu méritais, ma fille. »

« Depuis quand t'y connais-tu en pédagogie ? »

« Chérie, tu dois apprendre à accepter le bon et le mauvais. »

De telles remarques auraient probablement bloqué net la communication entre la mère et la fille, empêchant celle-ci de résoudre son problème d'une manière constructive.

L'écoute active

L'écoute active montre à l'enfant qu'on l'accepte. Pour ce faire, l'adulte cherche d'abord à *comprendre le message* de l'enfant. *Puis, il reflète dans ses propres mots* le message de l'enfant afin de montrer et de vérifier qu'il l'a bien compris. Grâce à cette simple méthode de reflet, on montre à l'enfant qu'on le comprend.

Cela s'applique à la communication entre parent et enfant et entre n'importe quelles personnes.

Quand un enfant exprime à un parent qu'un de ses besoins n'est pas satisfait, il se sent mal, il s'ennuie, il est bouleversé, effrayé, il a faim ou froid : c'est le moment de l'écouter.

En l'écoutant, le parent peut comprendre ce que ressent l'enfant. Toutefois, il ne peut pas en être certain. Pour vérifier s'il a bien compris, le parent reflète ce qu'il a perçu dans le message.

Dans la conversation suivante, Amélie confirme sans cesse les reflets de son père par un « Oui » et continue de s'exprimer.

Amélie : J'aimerais bien avoir un rhume de temps en temps comme Anaïs. Elle en a de la chance !
Le père : Tu te sens privée de quelque chose.
Amélie : Oui. Elle peut s'absenter de l'école et moi, ça ne m'arrive jamais.
Le père : Tu aimerais pouvoir prendre congé de l'école.
Amélie : Oui. Je n'aime pas aller à l'école tous les jours, jour après jour après jour. Je finis par en avoir marre.
Le père : Tu en as vraiment marre parfois d'aller à l'école.
Amélie : Parfois je déteste cela, tout simplement.
Le père : Non seulement tu en as marre, mais parfois tu n'aimes pas y aller.

Amélie : C'est ça. Je déteste les devoirs, je déteste les cours, je déteste les profs.

Le père : Tu détestes beaucoup de choses à l'école.

Amélie : Je ne déteste pas vraiment tous les profs, seulement deux d'entre eux. Il y en a une en particulier que je ne peux pas supporter, c'est la pire.

Le père : Tu en as surtout une que tu supportes difficilement.

Amélie : Et comment ! C'est cette Mme Bisson. Elle me fait horreur ! Et je l'ai toute l'année, en plus.

Le père : Tu es prise avec elle pour une longue période.

Amélie : Oui. Je ne sais pas comment je vais la supporter. Tu sais ce qu'elle fait ? Chaque jour, elle nous fait un long discours. Elle se tient là en souriant comme ceci (Amélie l'imite) et nous explique comment un élève responsable doit se comporter, puis elle fait la liste de tout ce qu'il faut faire pour obtenir un « A ». Ça me rend malade !

Le père : Tu détestes vraiment entendre parler de toutes ses exigences.

Amélie : Oui. D'après ce qu'elle dit, cela semble impossible d'avoir un « A », à moins d'être un génie ou le chouchou du prof.

Le père : Tu te sens vaincue avant même de commencer parce que tu ne crois pas pouvoir obtenir un « A ».

Amélie : Oui. Je n'ai pas l'intention de devenir l'un de ces chouchous du prof. Les autres jeunes les détestent et je ne suis déjà pas très populaire. Il n'y a pas beaucoup de filles qui m'aiment. *(Amélie pleure)*

Le père : Tu ne te sens pas appréciée et cela te bouleverse.

Amélie : Oui. Il y a un groupe de filles qui sont les meilleures dans l'école. Elles sont les plus populaires. J'aimerais bien faire partie de leur groupe, mais je ne sais pas comment faire.

Le père : Tu aimerais être comme elles ou avec elles ; mais cela t'embête de ne pas savoir comment y parvenir.

Amélie : C'est ça. Je ne sais vraiment pas comment les filles entrent dans ce groupe. Ce ne sont pas les plus belles, pas toutes ; ni celles qui réussissent le mieux. Certaines d'entre elles ont de bonnes notes, mais la plupart ont des notes inférieures aux miennes. Je suis embêtée.

Le père : Tu es perplexe car tu ne sais pas ce que ça prend pour entrer dans ce groupe.

Amélie : Eh bien ! Il y a une chose : elles sont toutes très amicales : elles parlent beaucoup et, tu sais, elles se font des amis. Elles saluent les premières et parlent avec une véritable aisance. Je suis incapable de faire cela. Ce n'est pas mon style.

Le père : Tu penses que c'est peut-être ça qu'elles ont et que tu n'as pas.

Amélie : Je sais que j'ai de la difficulté à parler. Je peux parler facilement avec une fille, mais quand je me retrouve au milieu de toute une bande de filles, je me tais tout simplement. Je ne sais pas quoi dire.

Le père : Tu te sens à l'aise avec une fille, mais pas quand tu te retrouves en groupe.

Amélie : J'ai toujours peur de dire quelque chose d'idiot ou d'infantile ou quelque chose du genre. Alors, je reste là et je me sens seule. C'est affreux !

Le père : Tu as l'air de détester cette situation.

Amélie : Je déteste rester là à ne rien dire, mais j'ai peur d'essayer d'entrer dans la conversation.

À mesure qu'Amélie approfondit son sentiment, clarifie sa situation, elle découvre des choses sur elle-même et commence à résoudre son problème. En conseiller efficace, son père met de côté ses opinions et ses sentiments. Il a besoin de toute son attention pour écouter attentivement et comprendre le message de son enfant avant de le refléter. Ses réponses commencent généralement par « tu », car il se concentre sur les pensées et sentiments d'*Amélie* et non sur les *siens*.

Voici un second exemple d'écoute active entre un enseignant et son élève.

Élève :	Allons-nous avoir un examen bientôt ?
Enseignant :	Tu t'inquiètes du prochain examen ?
Élève :	Non, ce n'est pas vraiment cela, seulement je ne sais pas quelle sorte d'examen vous allez nous donner et je crains que ce ne soit un essai à composer.
Enseignant :	Je vois. Ce qui t'inquiète, c'est le genre d'examen que nous allons avoir.
Élève :	Oui, c'est ça. Et je ne réussis jamais bien lorsqu'il s'agit de rédiger un essai.
Enseignant :	Je vois. Tu te sens beaucoup plus à l'aise lorsque je donne des examens de type objectif.
Élève :	Ouais. Je bâcle toujours les essais.
Enseignant :	Ce sera une série de questions à choix multiples.
Élève :	Quel soulagement pour moi ! Je m'inquiète beaucoup moins maintenant.

À la lecture, l'écoute active peut paraître mécanique, mais avec l'attention, le regard et le ton de la voix, elle réussit à communiquer un message d'acceptation : « Je comprends et j'accepte ce que tu ressens. » Vous réussirez à écouter et à comprendre votre enfant lorsque vous serez dans les dispositions suivantes :

1. Vous voulez entendre ce que l'enfant a à dire. Vous êtes prêt à prendre le temps d'écouter. (Si vous n'avez pas le temps, mieux vaut reporter la conversation.)

2. Vous voulez sincèrement aider votre enfant à régler lui-même son problème.
3. Vous acceptez sincèrement ses sentiments, même s'ils sont différents des vôtres ou de ceux que vous pensez qu'un enfant devrait avoir. Vous ne voulez pas changer l'enfant.
4. Vous avez confiance en la capacité de l'enfant de faire face à ses sentiments, de les clarifier et de trouver des solutions à ses problèmes. Plus vous verrez les progrès de votre enfant, plus vous acquerrez cette confiance.
5. Vous comprenez que les sentiments sont passagers. La haine se transforme en amour, le découragement fait place à l'espoir. Vous pouvez alors mieux accepter les sentiments exprimés par votre enfant.
6. Vous voyez votre enfant comme un être distinct, une personne unique, possédant sa propre vie et sa propre identité. Vous pourrez aussi l'aider. Vous êtes à ses côtés lorsqu'il affronte ses problèmes, mais vous lui laissez la responsabilité de les résoudre.
7. Vous voulez vraiment comprendre ce que l'enfant ressent. Vous vous mettez temporairement à sa place et vous voyez le monde à sa façon. Cela est nécessaire pour comprendre votre enfant.
8. Vous êtes disposé à remettre en question vos opinions, vos attitudes ou vos valeurs suite à ce que vous entendrez. Lorsqu'on comprend vraiment une autre personne, on change parfois de point de vue.

Lorsque ces conditions sont réunies, votre interlocuteur *se sent compris, accepté et respecté.* En voyant les enfants régler leurs problèmes seuls, vous aurez de plus en plus confiance en eux. De plus, vous verrez que les enfants que vous écoutez seront davantage disposés à vous écouter à leur tour lorsque vous aurez des problèmes à leur exposer.

De nombreuses recherches ont démontré la remarquable efficacité et les nombreux avantages de l'écoute active. En voici les plus importantes.

- La personne parle d'elle-même d'une manière de plus en plus positive et se respecte davantage.
- De plus en plus, elle se perçoit comme une personne digne de valeur et de respect.
- La personne devient moins émotive et plus objective, plus autonome et moins angoissée, et plus apte à résoudre ses problèmes.

Je désire résumer ici les principaux éléments de ce chapitre et leur influence sur la discipline.

Tous les enfants se comportent parfois d'une manière que leurs parents trouvent inacceptable. Ils veulent influencer leurs enfants et les amener à changer leur comportement par considération pour leurs besoins. L'enfant doit sentir que sa relation avec le parent est fondée sur la réciprocité et la loyauté. Si les parents écoutent leurs enfants lorsqu'ils ont des difficultés, les enfants seront plus disposés à écouter les parents leur dire : « Ton comportement me pose un problème. »

Quand les enfants ont des problèmes non résolus, des besoins insatisfaits ou des difficultés chroniques, ils se sentent frustrés et se conduisent plus souvent d'une manière antisociale et autodestructrice. De même, les élèves qui éprouvent de nombreuses frustrations à l'école sont en général ceux qui donnent du fil à retordre à leurs professeurs.

Si parents et enseignants remarquent les enfants en difficulté et les aident à résoudre leurs problèmes, ils désamorcent ces comportements inadmissibles. La discipline pose alors beaucoup moins de problème.

Chapitre neuf

L'écoute active :
le procédé de relations humaines tout usage

Dans le chapitre précédent, j'ai surtout présenté l'écoute active pour aider les enfants à résoudre leurs problèmes. Toutefois, ce n'est pas là le seul cas où l'écoute active est utile et efficace. Montrer à l'autre qu'on le comprend et qu'on l'accepte est tellement utile dans de nombreuses occasions qu'on pourrait l'appeler le procédé de relations humaines tout usage. L'écoute active facilite la communication dans de nombreuses situations : agir comme médiateur dans les conflits entre enfants, animer les discussions de groupe, apporter une note affectueuse aux relations entre enseignants et élèves.

Agir comme médiateur dans les conflits entre enfants

L'écoute active sert entre autres à aider les enfants qui ont un conflit. Voici un exemple relaté par une enseignante. Les élèves n'aimaient pas beaucoup Anne qui était « une petite peste ». Personne ne voulait s'asseoir à côté d'elle en classe :

Anne : Madame, Laure ne veut pas s'asseoir près de moi ni m'aider à dessiner la carte géographique.

Laure : C'est parce qu'Anne ne veut pas travailler. Elle parle et fait l'idiote. Et elle gribouille sur mes feuilles.

Anne : Je ne fais que semblant de gribouiller sur tes feuilles.

Mme Talbot : J'ai bien l'impression que vous avez un problème. J'aimerais écouter les deux points de vue et nous pourrions peut-être découvrir une solution.

Laure et Anne : Très bien. Que devons-nous faire ?

Mme Talbot : Dites-moi simplement ce qui ne va pas ; je suis prête à vous écouter.

Anne : Laure a dit qu'elle voulait s'asseoir à côté de moi et maintenant elle ne veut plus. De toute manière, elle ne le veut jamais vraiment. Elle l'a dit uniquement pour que je dise qu'elle est gentille. Mais moi, je veux bien qu'elle travaille avec moi.

Laure : Je voulais travailler avec toi, mais tu gâches mon travail et moi je veux le terminer à temps. Tu te fiches pas mal de ton propre travail et tu voudrais que j'en fasse autant.

Mme Talbot : Anne, si j'ai bien compris, tu aimerais que Laure t'aide à dessiner la carte, mais vous ne vous entendez pas vraiment toutes les deux. Laure, tu viens de dire que tu aimerais travailler avec Anne, mais que vous ne pouvez pas vous entendre parce qu'elle ne travaille pas sérieusement. Pouvez-vous penser à des solutions possibles à ce problème.

Anne : Laure pourrait avoir plus de patience et m'aider un peu.

Laure : Je pourrais aller à ma place et nous travaillerions séparément.

Anne : Vous pourriez nous séparer l'une de l'autre.

Laure : *(Pas très sérieusement)* Vous pourriez envoyer un mot à la mère d'Anne pour lui dire que sa fille est une petite peste.

Anne : *(Revanche sérieuse)* Dites à la mère de Laure que sa fille se croit parfaite !

Laure : Anne pourrait se calmer, cesser de faire l'idiote, et se mettre à travailler.

Anne : Laure pourrait attendre que je la rattrape dans son travail pour que j'en sois au même point qu'elle.

Laure : Nous pourrions essayer de nouveau de travailler ensemble.

Mme Talbot : Je vais vous relire les solutions que vous avez suggérées. *(Elle relit les solutions.)* Laquelle parmi toutes ces solutions vous paraît la meilleure ?

Anne : Nous pourrions essayer encore une fois… et si ça ne marche pas, nous pourrions séparer nos pupitres.

Mme Talbot : Maintenant que vous savez pourquoi l'autre vous agace, vous pouvez essayer votre solution durant une journée pour commencer. À la fin de la journée, venez me dire comment cela s'est passé. Nous pourrons alors en reparler ensemble. Je suis convaincue que vous pouvez régler votre problème et mener ce travail à bonne fin.

Voici le commentaire de Mme Talbot à la suite de cette brève séance de médiation de conflit.

> Les deux fillettes travaillent ensemble depuis deux jours et elles ne m'ont pas demandé de séparer leurs pupitres. À présent Anne a une amie qui est en même temps sa partenaire de travail.

En quelques minutes seulement, Mme Talbot a proposé aux enfants une nouvelle approche des relations humaines qui pourra leur servir en tout temps. Si elles entrent en relation avec les autres de cette façon, elles amélioreront leurs communications avec leurs camarades. Mme Talbot est une éducatrice au vrai sens du terme. En effet, elle ne se contente pas d'enseigner des matières scolaires aux enfants ; elle les aide en plus à leur développement personnel et social.

Animer les discussions de groupe

Les enseignants se plaignent souvent qu'ils n'arrivent pas à faire participer les élèves dans des discussions intéressantes sur les matières scolaires. Alors, ils y renoncent et reviennent aux cours magistraux ou animent des discussions auxquelles seuls quelques élèves participent. Pendant ce temps, nombre d'élèves que le cours ennuie ou qui demeurent à l'écart des discussions dérangent le groupe. Les enfants agissent souvent ainsi à l'heure des repas ou en voyage avec leurs parents parce que la conversation les ennuie.

L'écoute active peut grandement aider parents et enseignants à lancer les enfants dans de passionnantes discussions. Comme elle manifeste l'acceptation et le respect de l'opinion émise par chaque membre du groupe, l'écoute encourage les plus timides à parler. En outre, grâce au reflet, les participants apprennent, petit à petit, à s'écouter les uns les autres.

Un enseignant qui emploie l'écoute active pour animer des discussions de son groupe raconte son expérience.

> Ces discussions nous ont vraiment aidés. J'avais oublié combien il est difficile pour des jeunes de 11 et 12 ans de comprendre ce qui se passe dans notre monde. J'ai été très surpris de les entendre rapporter les « absurdités » auxquelles ils croient sincèrement, mais aussi de constater combien leur vision de certaines situations peut être perspicace et profonde. Ils ont discuté de plusieurs sujets

comme des moyens d'améliorer la nourriture à la cafétéria. Ils ont également discuté de plusieurs questions ardues, comme : « Qu'est-ce que l'honnêteté ? » et « Les gens ont-ils le droit de dominer les autres pour se satisfaire eux-mêmes ? » Ce sont là des problèmes vraiment sérieux dont je n'ai moi-même discuté que lorsque j'avais 17, 18 ans et même davantage. Je ne connais pas de moyen plus efficace que ces discussions de classe pour permettre aux jeunes d'examiner et d'analyser toutes sortes d'informations et de sentiments contradictoires.

Voici un exemple de discussion de groupe où l'enseignant emploie l'écoute active pour clarifier le sujet et relancer la discussion.

Enseignant : Vous avez tous lu quelque chose sur la dernière guerre. Je me demande ce que vous avez appris et quelles sont vos réactions au sujet de cette lecture.

Bertrand : Je pensais que je m'ennuierais mais, au contraire, le sujet m'a passionné. Hier, justement, j'en discutais avec Mat dans l'autobus. Je lui ai dit ma surprise de constater que le livre disait la vérité. La plupart des manuels d'histoire que j'avais lus auparavant représentaient toujours comme de braves types…

Mat : *(Lui coupant la parole)* Comme ceux que nous avions lus avant et qui nous racontaient toutes sortes d'histoires plus ou moins vraies.

Enseignant : Ces livres vous paraissent tous différents. Vous avez l'impression que les auteurs ont un parti pris ou vous mentent.

Isabelle : Je ne pense pas que les autres livres nous contaient vraiment des mensonges. Ils ne présentaient qu'un aspect de l'histoire ou bien omettaient de signaler certains événements.

Mat : Franchement, si cela n'est pas mentir, qu'est-ce que c'est alors ? Si je racontais à des gens que notre équipe de football a marqué deux buts, intercepté une passe et bloqué un coup de volée durant la dernière partie vendredi dernier contre l'équipe Centrale, ils ne sauraient certainement pas toute la vérité, ne pensez-vous pas ?

(Éclats de rire)

Enseignant : Tu affirmes, Mat, que si quelqu'un ne donne pas toute l'information à ses interlocuteurs, il leur ment. Et tu penses que certains de nos livres d'histoire reflètent cette attitude.

Mat : Oui, c'est vrai ! Quand on compare plusieurs de ces livres, on a l'impression qu'ils parlent de guerres différentes.

Johanna : Eh bien ! comment devient-on historien d'abord ? Après tout, les historiens ne sont que de simples gens qui ont écrit des livres sur ce qui est arrivé il y a très longtemps. Ils ont forcément des préjugés.

Vicky : Tu as raison. Ma sœur dit que tous les historiens sont des chauvins bornés qui aiment écrire des phrases comme : « Des hommes courageux partirent en direction de l'ouest, quelques-uns emmenant même leur famille avec eux. » Personne n'a jamais rien écrit sur les femmes courageuses, ou s'ils l'ont fait, c'était pour marquer leur surprise de ce qu'une femme pouvait manipuler un fusil et supporter de rudes épreuves.

Enseignant : Si je comprends bien, vous mettez tous en doute la possibilité que quelqu'un puisse écrire l'histoire impartialement. Vous soutenez que l'opinion des auteurs influence forcément les faits historiques.

Johanna : C'est ça le vrai problème : alors, pourquoi lire ces blagues ?

Bertrand : Johanna, tu passes à côté de la question. Il ne s'agit pas de croire quelque chose simplement parce que c'est écrit dans un livre. Je crois que nous devrions lire leurs livres davantage et non pas moins.

Mat : Eh bien ! je me demande ce que disent les historiens de l'autre point de vue sur cette guerre.

Vicky : Si leurs livres sont rédigés par les hommes, ils sont sans doute tout aussi chauvins que les nôtres.

Isabelle : Qui a jamais entendu parler d'une historienne ?

Vicky : Personne. C'est pour cela que tous les livres ne parlent que des exploits de nos grands héros masculins et sous-entendent que les seuls êtres importants étaient des hommes. Lorsque j'avais 13 ans, nous avions un livre dont environ trois pages traitaient « Des grandes femmes dans l'histoire ». Trois pages, vous imaginez ? Ça m'avait écœurée.

Enseignant : D'après toi, Vicky, les historiens accordent trop peu d'importance au rôle des femmes.

Vicky : Oui, c'est ça.

Mat : Eh bien ! qu'est-ce que les femmes ont fait dans la dernière guerre ? Je ne vois pas le rapport entre cette question de femmes et le sujet de notre discussion.

Isabelle : Je pense qu'il existe un lien très étroit entre ces deux sujets. Mat, c'est toi qui parlais tout à l'heure des gens qui cachent une partie de la vérité. Eh bien, ceux qui omettent de dire ce que les femmes ont accompli oublient en quelque sorte une partie de l'histoire.

Mat : D'accord, mais les femmes n'ont jamais rien *fait*. Elles n'ont jamais rédigé de traités, formé de gouvernements ; elles n'ont jamais été capitaines de bateau ou explorateurs, ou je ne sais quoi.

Vicky : C'est exactement de cette attitude que je parlais. On lit les livres écrits par des *hommes* et on s'imagine que les *hommes* font tout. Je ne prétends pas que des femmes ont accédé au rang de général ou à tout autre. Mais je m'irrite de voir que les femmes sont méprisées dans les livres. On se moque presque des choses qu'elles ont accomplies.

Enseignant : Vous paraissez vous intéresser vivement à la façon dont on écrit l'histoire et également aux préjugés que l'on remarque dans les livres, comme le préjugé dont parlait Vicky tout à l'heure au sujet des femmes. Pourtant, au début de la discussion, j'avais eu l'impression que la majorité d'entre vous avait aimé lire nos manuels sur la dernière guerre : je note donc que votre opinion a changé.

Vicky : C'est Mat et Bertrand qui ont dit cela.

Bertrand : Qui ont dit quoi… ?

Vicky : Que vous aimiez les livres. Vous disiez qu'ils donnaient un tableau exact de la guerre et qu'ils n'essayaient pas de faire paraître un tel meilleur qu'il ne l'est. Eh bien ! ces mêmes ouvrages ne sont pas aussi justes à l'égard des femmes. Ma sœur suit actuellement un cours réservé aux femmes à l'université et elle a assemblé des documents qui montrent à quel point le langage utilisé dans les livres est préjudiciable aux femmes. Je lui demanderai de m'aider à parcourir ces livres et la semaine prochaine je vous ferai un compte rendu.

Bertrand : D'accord. Mais qu'allons-nous faire des autres préjugés ?

Enseignant : Vous êtes intéressés à savoir comment lire entre les lignes pour découvrir ce qui est vrai et ce qui est faux dans nos livres d'histoire ; et cela, non seulement au sujet des femmes, mais également à propos de tous les autres préjugés qui s'y trouvent. C'est bien cela que vous voulez, n'est-ce pas ?

Mat : Exactement. Comment devons-nous faire pour savoir si ce que nous lisons est vrai ou faux ?

Enseignant : Vicky nous a promis de nous communiquer quelques techniques d'évaluation. Bertrand, tu as proposé de lire une grande diversité d'ouvrages, et c'est toi, Mat, je crois, qui as suggéré l'acquisition d'ouvrages étrangers afin de pouvoir comparer. Y aurait-il d'autres suggestions ?

Isabelle : Je crois qu'il nous faudrait un spécialiste. Nous pourrions demander à un historien de venir nous dire ce que l'on doit faire et répondre à nos questions. Mon voisin enseigne l'histoire à l'université, peut-être accepterait-il de venir parler à la classe.

Vicky : Un historien ! Encore un homme ! *(Elle hausse les épaules.)*

Isabelle : Je crois qu'il est très ouvert. En fait, nous pourrions lui demander ce qu'il pense du sexisme dans les livres d'histoire.

Johanna : Vous pourriez nous procurer quelques-uns des livres inscrits dans la bibliographie.

Enseignant : Vous voulez dire dans le manuel que nous utilisons ?

Johanna : Oui.

Isabelle : Je crois que nous devrions oublier la dernière guerre pour le moment et répondre aux autres questions que nous avons soulevées. Quand je pense que tout ce que j'ai lu pourrait se révéler faux, vous comprenez, cela me rend malade ! Ce que Vicky a dit m'a fait réfléchir. Elle a tout à fait raison ; je n'ai jamais lu un livre où les femmes jouaient un rôle important, même si en réalité cela a dû se produire bien souvent. Comment savoir maintenant si tout le reste est vrai ?

Enseignant : Tu es d'avis que nous devrions apprendre à étudier et à analyser les livres d'histoire avant d'en lire d'autres.

Isabelle : Oui.

(Tout le monde acquiesce.)

Enseignant : Je suggère de dresser un plan de travail afin de nous distribuer les tâches. Je vais sortir les livres de référence de la bibliothèque dès mardi prochain. Vicky, quand pourras-tu nous faire ton compte rendu ? *(Les membres du groupe se distribuent les tâches qu'ils ont déterminées en collaboration.)*

En moins de 15 minutes, cette discussion a changé l'orientation des élèves du tout au tout : ils vont maintenant explorer les documents historiques et remonter aux sources afin d'identifier un certain nombre de critères qui les aideront à juger de l'objectivité des textes et des livres utilisés en classe. L'écoute active a joué un rôle fondamental dans cette expérience d'apprentissage profonde et significative.

Les enseignants de niveau secondaire parlent 80 % du temps en classe. En suscitant la participation active des élèves, ils réduiront des problèmes disciplinaires. L'écoute active est indispensable pour amener les élèves à participer à des discussions constructives. Voici ce qu'un de nos participants nous a raconté à ce sujet :

> Notre département nous a demandé d'employer de nouvelles méthodes pédagogiques et d'animer des discussions de groupe. Nous avons suivi une formation spéciale

> pendant deux ans. Mais, c'est seulement depuis que je connais l'écoute active que ces méthodes ont commencé à produire des résultats. Depuis que j'emploie l'écoute active, nos discussions sont de vrais échanges. Je les apprécie et mes élèves sont vraiment enthousiasmés. (Aspy et Roebuck, 1990)

Comme l'a découvert cet enseignant, l'écoute active est un outil efficace qui aide les enfants à parler, à réfléchir et à clarifier leurs idées, qui suscite leur curiosité et crée un climat où ils se sentent libres d'utiliser leur cerveau, de poser des questions et d'explorer des idées. Un climat de ce genre, malheureusement, est plutôt rare dans nos écoles. Cependant, grâce à une formation structurée, les enseignants peuvent apprendre à stimuler la participation de leurs élèves et éliminer, par le fait même, bien des problèmes de discipline.

Des relations plus chaleureuses entre enseignants et élèves

« On n'apprend pas d'un prof qu'on n'aime pas » clame le titre d'un ouvrage écrit par David Aspy et Flora Roebuck. En effet, la relation qui existe entre un enseignant et son élève influence nettement la qualité de l'apprentissage. Quand nous étions à l'école, nous nous appliquions de notre mieux avec les enseignants que nous aimions. Non seulement nous étions plus studieux, mais notre conduite était exemplaire en leur présence.

Les enfants sont moins portés à se montrer insolents et à créer des problèmes aux profs qu'ils aiment. Les enfants dissipés éprouvent habituellement une sorte d'hostilité envers leur professeur ou encore se vengent du traitement infligé par d'anciens professeurs. Bien qu'un certain nombre d'éléments contribuent à promouvoir la discipline et les relations harmonieuses entre enseignants et élèves, rien n'est plus efficace qu'un climat où les étudiants sont encouragés à exprimer leurs idées et se sentent compris, respectés et acceptés.

Les parents comme les enseignants découragent souvent les enfants en refusant de les écouter lorsqu'ils expriment des opinions profondes ou farfelues sur des sujets controversés. L'écoute active change radicalement la façon dont les adultes et les enfants s'écoutent mutuellement ; elle améliore considérablement leurs relations.

Les jeunes qui se sentent compris et respectés par les adultes deviennent plus conscients de leur valeur et de leur importance. La satisfaction de se savoir compris, alliée à une estime de soi accrue, suscite en eux des sentiments positifs à l'égard de leurs parents et de leurs enseignants. Les adultes qui savent écouter les jeunes, et sont capables de se mettre à leur place, les comprennent mieux. Écouter l'enfant, c'est faire quelques pas avec lui sur le chemin de sa vie, ce qui constitue un véritable acte d'affection, de respect et d'amour. Comme la plupart des enfants n'ont pas connu cela, ils apprécient encore davantage le fait d'être compris et acceptés. Ils se rendent compte que leurs sentiments et leurs opinions sont acceptables, qu'ils peuvent être ce qu'ils sont, qu'il est à la fois exaltant et valable de discuter des sujets qui les passionnent.

Qu'un enseignant écoute un enfant pour l'aider à résoudre un problème, deux enfants en conflit ou toute une classe qui discute des préjugés contenus dans les livres d'histoire, les répercussions sont les mêmes sur les élèves. Ils se sentent bien dans leur peau et apprécient leur prof. Comme ce dernier témoigne de l'intérêt et du respect pour leurs idées et leurs sentiments, les élèves se sentent appréciés et dignes d'estime. Ils aiment ces sentiments et finissent par aimer la personne qui en est à l'origine. Avec le temps, une relation d'affection et de respect mutuels s'établit entre l'enseignant et ses élèves.

Dans ces relations, non seulement les enseignants éprouvent moins de difficulté à faire régner la discipline, mais les élèves sont eux-mêmes responsables et disciplinés.

L'écoute aide vraiment les enseignants à améliorer la réussite scolaire, l'assiduité, la pensée créative, la motivation à apprendre et l'autodiscipline.

Recherches sur les effets de l'écoute

Dans une importante étude menée auprès de 600 enseignants et 10 000 élèves, depuis la maternelle jusqu'à la terminale, on a observé les élèves dont les enseignants pratiquent l'écoute empathique, l'acceptation, le respect et l'estime. Ces élèves :

- manquent moins souvent l'école par année (quatre jours de moins par enfant) ;
- obtiennent de meilleures notes scolaires, y compris en mathématiques et en lecture ;
- sont plus spontanés et démontrent une plus grande capacité de réflexion ;
- améliorent leur quotient intellectuel (de la maternelle jusqu'en cinquième année) ;
- font des progrès en créativité entre septembre et mai ;
- augmentent leur estime de soi ;
- commettent moins d'actes de vandalisme sur la propriété de l'école ;
- posent moins de problèmes de discipline ;
- parlent davantage ;
- résolvent davantage leurs problèmes par eux-mêmes ;
- prennent plus souvent la parole ;
- répondent davantage aux questions de l'enseignant ;

- posent plus de questions ;
- apprennent davantage ;
- regardent l'enseignant dans les yeux ;
- bougent davantage ;
- présentent un plus haut niveau de pensée cognitive ;
- font preuve d'une plus grande créativité.

Les enseignants qui témoignent à leurs élèves un haut degré de compréhension empathique…

- réagissent davantage aux sentiments exprimés par leurs élèves ;
- mettent davantage à contribution les idées des élèves dans leurs échanges sur des sujets d'étude ;
- discutent et dialoguent davantage avec les élèves ;
- les complimentent davantage ;
- s'adressent à leurs élèves d'une manière plus franche et plus sincère (moins officielle) ;
- adaptent davantage le programme scolaire aux besoins immédiats de chaque élève ;
- sourient davantage à leurs élèves ;
- mettent plus l'accent sur le rendement et la créativité ;
- insistent moins sur les notes et les examens ;
- fixent les objectifs d'apprentissage de concert avec leurs élèves.

Les élèves sont plus dissipés dans les classes où les enseignants leur témoignent peu d'empathie et de respect, leur font peu de compliments et n'acceptent pas leurs idées et leurs opinions. (Aspy et Roebuck, 1990)

Lorsque les relations entre enseignants et élèves sont fondées sur l'affection et le respect mutuels, il est beaucoup plus facile de faire régner la discipline. Les enfants ne cherchent pas à harceler les enseignants qui les respectent et les aiment, car ils finissent par les aimer à leur tour. Le temps généralement consacré aux problèmes de discipline est désormais consacré à l'apprentissage et à l'enseignement.

Autres bienfaits des procédés d'aide

Il y a un autre avantage à apprendre à aider les enfants : vous serez plus apte à les influencer lorsque vous voudrez les amener à modifier les comportements qui vous empêchent de satisfaire vos besoins et qui vous posent un problème. *Les enfants vous aideront lorsque leur comportement vous posera un problème si vous avez essayé de les aider lorsqu'ils avaient un problème.*

Cette réciprocité exerce une grande influence dans toutes les relations. Plus votre influence grandit, moins vous êtes tenté d'employer une discipline fondée sur le contrôle pour amener les enfants à modifier leur comportement. Par conséquent, vous évitez de susciter la révolte et la résistance, des réactions de « combat » et des réactions de repli ou de « fuite ». Vous aiderez ainsi vos enfants ou vos élèves à développer l'autodiscipline, la responsabilité et la maîtrise de soi. Ils vous témoigneront alors une forme nouvelle de respect, le respect de vos besoins, parce que vous aurez fait de même avec eux.

Le plus grand bénéfice que vous retirerez de l'écoute active, c'est que vos enfants ou vos élèves traîneront moins de problèmes non résolus. Les enfants perturbés, malheureux et insatisfaits attirent les mesures disciplinaires. Ceux que les parents et les professeurs écoutent n'auront peut-être pas moins de problèmes, mais ils auront moins de problèmes non résolus.Votre écoute les aidera à développer leur capacité à résoudre leurs problèmes. Ils auront alors davantage confiance en eux.

CHAPITRE DIX

LES NEUF MYTHES QUI NOUS EMPÊCHENT DE CHANGER

Les parents et les enseignants qui essaient de contrôler les enfants au moyen de récompenses et de punitions ne réussissent pas à développer l'autodiscipline à long terme. Plusieurs mythes nous tiennent attachés à nos vieilles habitudes.

Mythe nº 1
La crainte de « gâter » les enfants

On risque de « gâter » les enfants si on les aide à satisfaire leurs besoins. Les enfants deviendront insatiables, égoïstes, étourdis, indisciplinés, exigeants et incapables de supporter la frustration, etc. Ce mythe est le plus répandu en éducation.

Par crainte de gâter les enfants, bien des parents et des enseignants décident de ne pas répondre à leurs besoins. Par exemple, 69 % des mères néo-zélandaises disent que par crainte de « gâter » leurs enfants, elles répriment leurs élans d'affection et se retiennent de leur offrir ce dont ils ont besoin pour s'épanouir et développer un sentiment de bien-être. (Ritchie et Ritchie, 1970)

Apparemment, le besoin de l'enfant d'être aimé et touché, de s'attacher, d'obtenir de l'attention, de jouer, d'être dorloté, etc. n'est pas reconnu comme d'autres besoins biologiques telle la faim ou la soif.

Réalité : Quand son besoin de boire est comblé, l'enfant n'a plus soif et va jouer. La satisfaction des besoins affectifs de l'enfant est une source de satisfaction, de bien-être et de santé.

Mythe n° 2
Les enfants sont méchants

On pense qu'on ne peut pas faire confiance aux enfants parce qu'ils sont méchants. On doit donc « briser leur caractère ». Cette vision négative de leur nature est profondément enracinée dans notre histoire.

On craint que si on nourrit un enfant chaque fois qu'il a faim, il se transformera en tyran qui ne laisse aucun repos à sa mère. Si les gens croient que les enfants viennent au monde méchants, il est logique pour eux de les redresser, les dominer, les contraindre, les brimer, les surveiller, les restreindre, les discipliner. Cette approche répressive peut sembler efficace à court terme, mais elle entraîne souvent des conflits croissants, des perturbations affectives et un sentiment de révolte chez les enfants.

Réalité : Si on punit sévèrement un enfant, il deviendra insupportable, révolté, boudeur. On croira que cela prouve qu'il est foncièrement méchant. Mais cela ne prouve que les punitions l'ont endurci. Lorsqu'on nourrit l'enfant, qu'on joue avec lui, il est calme, joyeux, mange bien et dort paisiblement.

Mythe n° 3
Les conflits entre adultes et enfants sont insolubles

On croit que les inévitables conflits entre adultes et enfants doivent faire un gagnant et un perdant ; 90 % des parents et des enseignants ont cette attitude. « Ou je gagne ou c'est l'enfant qui gagne. » Et comme personne n'aime perdre dans un conflit, la seule approche acceptable consiste alors à user de son pouvoir pour arriver à ses fins.

Réalité : La méthode sans perdant permet de trouver des solutions acceptables pour tous les deux.

Mythe n° 4
La discipline punitive s'appuie sur la Bible

Certains interprètent la Bible, surtout l'Ancien Testament, pour prouver qu'on doit punir les enfants. Ils répètent : « Qui aime bien châtie bien ! »

Ce n'est pas la seule interprétation valable des enseignements de la Bible. D'autres auteurs chrétiens citent des passages du Nouveau Testament préconisant une philosophie non répressive, douce, aimante et nourrissante en ce qui a trait aux relations interpersonnelles et à l'éducation des enfants. « Ne faites pas aux autres ce que vous ne voudriez pas qu'on vous fasse. » « Laissez les enfants venir à moi ! » « Aime ton prochain comme toi-même. »

Réalité : Une discipline répressive provoque plus souvent la *désobéissance* qu'elle ne la guérit. Les enfants défient volontairement les adultes qui leur dictent leur conduite, les contraignent ou les briment.

Mythe n° 5
La permissivité est la cause de tous les maux

La permissivité est la cause de la délinquance, de la toxicomanie, de la violence, des relations sexuelles avant le mariage, de l'alcoolisme, de l'abandon des études, du vandalisme et du refus de l'autorité.

En général, c'est le docteur Benjamin Spock, auteur du célèbre ouvrage *Comment soigner et éduquer son enfant* (1972), qui est accusé d'encourager la permissivité.

Réalité : Une lecture attentive de son ouvrage et d'articles de magazine démontre que le Dr Spock invite les parents à « fixer des limites » et qu'il les met en garde contre la « soumission parentale ». Il avise les parents que la façon d'amener un enfant à adopter ou à abandonner un comportement donné consiste à se montrer clair et précis… et à garder un œil sur lui jusqu'à ce qu'il agisse correctement.

Avec le temps, l'histoire reconnaîtra certainement l'aide considérable apportée aux parents par le Dr Spock. Il a partagé avec eux une grande partie de son expérience et de son savoir pédiatriques, ce qui les a rendus plus confiants, moins anxieux. Et, ce qui est le plus important pour le bien-être et la santé affective des enfants, il les a aidés à *accepter* davantage leurs enfants.

Je lève mon chapeau au Dr Spock pour cette magnifique contribution. Je souhaiterais cependant préciser que, parce qu'il était pédiatre, son savoir était surtout d'ordre *médical.* Par conséquent, il a aidé les parents à faire face aux problèmes de santé, de diète et de nutrition, de sommeil, d'hygiène, de maladies courantes, etc. On comprend qu'il ait très peu parlé de la psychologie des enfants, des relations entre parents et enfants, de communication, de résolution de problème et de conflit.

Qu'entend-on par *permissivité* ? Dans l'esprit de la plupart des gens, la permissivité est associée à un *manque de contrôle* sur les enfants, au fait de leur accorder une trop grande liberté, d'être trop tolérant. Comme ils croient que la permissivité est à la source de tous les problèmes qu'ils appréhendent le plus, les adultes en concluent que la seule solution de rechange consiste à se montrer stricts, à exercer un *contrôle sévère* sur les enfants, à restreindre leur liberté, à édifier et à appliquer des règles, à user de leur pouvoir.

Cependant, la notion de permissivité relève du simple mythe. Tout d'abord, contrairement à la croyance populaire, seule une petite poignée de parents sont vraiment permissifs.

De nombreuses études ont démontré que les délinquants étaient issus de parents abusant du contrôle et des punitions, que les écoles où sévissent les châtiments physiques subissent davantage d'actes de vandalisme que les autres et que les criminels violents, ont souvent été battus par leurs parents bien plus que les citoyens honnêtes.

Que l'on me comprenne bien. *Je suis tout aussi opposé à la permissivité qu'à la discipline autoritaire. La permissivité avec les enfants ou les élèves est aussi nocive pour les adultes que pour les enfants.* Les enfants à qui on n'impose aucune limite finissent par bafouer les besoins de leurs parents et de leurs enseignants. Ils refusent souvent d'assumer leur part des tâches domestiques et scolaires ; alors, ce sont *les parents et les enseignants* qui sont les vrais perdants et qui, on le comprend, se sentent frustrés et malheureux.

Les enfants de parents et d'enseignants permissifs ne s'en tirent pas si bien non plus ; souvent ils ne se sentent pas aimés parce qu'il est difficile d'aimer des enfants égoïstes. En outre, ils ont souvent de la difficulté à se faire des amis parce qu'ils essaient toujours d'avoir le dessus, comme ils le font avec les adultes.

J'espère que le lecteur comprend clairement maintenant pourquoi *les parents ne devraient se montrer ni tolérants ni stricts, ni mous ni durs, ni permissifs ni autoritaires. Les deux attitudes peuvent nuire aux enfants et à leurs relations avec leurs parents.*

En résumé, on a dupé la plupart des gens en les persuadant que la permissivité était à l'origine de tous les maux des enfants d'aujourd'hui, et qu'une discipline autoritaire renforcée par les punitions était le seul remède à tous ces maux. Cette croyance est erronée. Ce sont les traitements autoritaires et répressifs qui mettent les enfants sur la mauvaise pente plus souvent que la permissivité. Nous avons donc besoin d'une manière tout à fait nouvelle de traiter les enfants, qui ne fait des parents ni des dictateurs ni des paillassons.

Mythe n° 6
Une attitude démocratique ne mène nulle part

On croit souvent que l'attitude démocratique est improductive. Pourquoi les adultes ne veulent pas cesser de discipliner les enfants ?

- Les groupes sont incapables de prendre des décisions.
- Les adultes en savent davantage ; c'est donc à eux de décider.
- Nos trois enfants nous mettraient en minorité.
- Les groupes démocratiques sont inefficaces.
- Quelqu'un doit commander.

Dans nos écoles, nous vantons en théorie les vertus de la démocratie sans les appliquer. Rares sont les jeunes qui savent appliquer la démocratie, que ce soit à la maison ou à l'école, où les adultes établissent les règlements d'une manière unilatérale et les font appliquer au moyen de récompenses et de punitions.

Réalité : La démocratie essentielle au développement de l'autodiscipline comprend l'égalité, le respect mutuel, les responsabilités partagées et la prise de décision en groupe. Dans une classe démocratique, les élèves et les professeurs participent conjointement à la planification, à l'organisation et à l'application des règles, ainsi qu'à l'enseignement, à l'apprentissage, à la réflexion et à la vie harmonieuse de la classe. (Pepper et Henry, 1985)

Des centaines de milliers de participants à notre formation *Enseignants efficaces*, notamment, en ont fait l'expérience. Ils constatent que leurs élèves ont plus de confiance en eux-mêmes, collaborent mieux avec leurs camarades, sont de meilleure humeur, appliquent les règlements décidés en groupe et apprennent davantage en moins de temps.

Peu de parents ont, étant élèves, connu une expérience de ce genre.

Mythe n° 7
Être parent ou enseignant ne s'apprend pas dans une formation

Peu de parents et d'enseignants croient qu'en « suivant un cours » ils deviendront de meilleurs parents.

Quand les parents éprouvent des difficultés avec leurs enfants, ils blâment les petits : Karine est une enfant « à problèmes », Suzie est « mésadaptée », David est « incorrigible », Sébastien est « hyperactif », Laura « n'accepte pas l'autorité », Francis est « perturbé sur le plan émotif », Mathieu est « méchant ».

Lorsque les relations se détériorent, rares sont les parents qui remettent en question leurs méthodes d'éducation. Les parents tentent de discipliner les enfants ou de les remettre dans le droit chemin, et si ça ne marche pas, ils l'amènent au psychologue pour le faire réparer comme ils amènent leur voiture défectueuse chez le mécanicien.

La plupart des parents imputent leurs problèmes familiaux à la société : la télévision, les drogues, la disparition de la famille traditionnelle, le divorce, les garderies, la peste des valeurs morales traditionnelles, la consommation, etc. *Je ne nie pas l'influence de ces facteurs sur la vie familiale.* Mais les rendre responsables de tous les maux empêche les parents de remettre en question leurs méthodes d'intervention avec leurs enfants.

D'autres mythes, de même sorte :

Il nous suffit d'aimer nos enfants.

Réalité : Certes, l'amour est important, mais il n'est pas suffisant pour être un parent efficace. D'autres facteurs entrent en jeu : le temps passé avec l'enfant ; la capacité d'écouter avec empathie ; le degré d'acceptation du comportement de l'enfant ; l'expression de messages « je » plutôt que de messages « tu » ; la résolution de conflit sans perdant. L'amour n'est pas une potion dont les parents disposent en quantité illimitée et qu'ils peuvent prodiguer quotidiennement. Si les parents sont incapables de modifier les comportements inacceptables de leurs enfants, ils éprouvent du ressentiment parce que leurs besoins ne sont pas satisfaits. Avec le temps, ils peuvent même finir par ne pas aimer leurs enfants.

Nous n'avons pas de problèmes graves pour l'instant.

Réalité : Pour être en bonne santé, on doit bien se nourrir, faire de l'exercice régulièrement, se détendre, etc. Apprendre à être parents, c'est apprendre à *prévenir* les problèmes, se former avant l'apparition des troubles. Une fois que les relations sont détériorées entre parents et enfants, il est plus difficile de recoller les morceaux.

Les enfants perturbés sont pour la plupart issus de foyers désunis.

Réalité : Ce sont souvent les ennuis que leur causent les enfants qui incitent les parents à divorcer. Souvent les gens qui ne réussissent pas leur mariage sont également inefficaces comme parents. Les enfants perturbés sont parfois issus de foyers désunis, mais cela ne veut pas dire que cette situation en est la *cause*.

Nous n'avons pas besoin de thérapie.

Réalité : Participer à une formation de parent ne signifie nullement qu'on soit « malade ». La formation de parent est une expérience éducative, préventive et ce n'est pas de la thérapie.

Personne ne s'y connaît assez pour me dire comment élever mes enfants.

Réalité : Dans nos cours, nous ne montrons pas aux parents ce qu'ils doivent enseigner à leurs enfants ; nous n'offrons pas de solution aux multiples problèmes qu'affrontent les familles. Nous enseignons des procédés et des méthodes qui ont fait leurs preuves pour favoriser une communication efficace, aider les enfants à régler leurs problèmes par eux-mêmes et résoudre les conflits entre parents et enfants de manière qu'il n'y ait pas de perdant. Ce sont là les méthodes essentielles dont on a besoin pour entretenir des relations satisfaisantes avec n'importe qui, que ce soit son conjoint, ses amis, ses collègues de travail ou ses beaux-parents.

Mythe nº 8
Nous avons été élevés comme ça et nous réussissons bien !

Les hommes en particulier semblent moins portés à renoncer à leur pouvoir. Une de leurs plus grandes craintes est de voir leurs enfants désobéir et devenir gâtés ou perturbés.

On croit ou on craint que la fin de l'autorité parentale anéantisse la famille.

Réalité : Cette attitude, entre autres, nuit sérieusement aux relations entre le père et ses enfants. Les hommes sont de moins bons parents, car ils insistent pour dominer les enfants. Ce contrôle les empêche d'entretenir des relations chaleureuses, aidantes et aimantes avec les membres de leur famille.

Nos cours *Parents efficaces* comptent deux fois moins de pères que de mères. En outre, parmi les mères qui nous confient leur difficulté à mettre en pratique leurs nouvelles méthodes, nombreuses sont celles qui se heurtent à la résistance d'un mari autoritaire.

Dans la famille démocratique, les valeurs fondamentales de respect mutuel, de collaboration et d'autonomie sont mieux développées.

> La contrainte semble une méthode plus simple, plus rapide que toute autre, d'établir l'ordre ; pourtant elle prend autant de temps, est aussi fastidieuse et bien plus coûteuse que le contact personnel, la persuasion, ou l'écoute des autres et la coopération, quand il s'agit de créer l'harmonie d'un groupe. (French, 1987)

Mythe n° 9
À l'école, on a besoin d'une discipline rigoureuse

Les modèles d'enseignants comprennent beaucoup plus de types autoritaires que démocratiques.

Lorsque je visite les écoles que fréquentent mes petits-enfants, j'y vois à peu près la même chose qu'il y a 60 ans lorsque j'étais moi-même enfant.

Le souci de l'ordre et du contrôle, les contraintes de l'horaire et du plan de cours, l'obsession de la routine, l'absence de bruit et de mouvement, l'ennui et la répression, l'universalité du cours magistral, l'accent mis sur le verbal et l'abstrait, l'obligation des élèves de travailler seul, l'opposition entre le travail et le jeu… aucun de ces éléments n'est nécessaire à l'apprentissage et tous peuvent être éliminés. (Silberman, 1970)

Réalité : Dans plusieurs milliers d'écoles d'Europe et d'Amérique, des directeurs et des enseignants compétents ont démontré que les jeunes apprennent davantage, ont de meilleures relations avec les autres et sont plus épanouis quand ils participent à l'apprentissage et à la vie de groupe.

Chapitre onze

Les relations démocratiques sont sources de santé et de bien-être

Cette étude approfondie de la discipline et de son application m'a permis de mieux comprendre sa nature précise et de recueillir une multitude de données sur son inefficacité ainsi que sa nocivité pour les enfants et les jeunes. Elle m'a également permis de découvrir certaines solutions nouvelles et efficaces. Elle m'a confirmé la validité des procédés que nous enseignons dans le monde entier dans nos formations *Parents efficaces* et *Enseignants efficaces*.

De plus, d'innombrables recherches confirment que les relations et les groupes démocratiques sont des facteurs de « santé » et de « bien-être ». Il a été démontré que les organisations qui pratiquent la gestion participative améliorent le rendement, le moral et la santé des employés ; de plus cette approche diminue le roulement de la main-d'œuvre, le nombre de griefs et le taux d'absentéisme. Les employés se sentent mieux dans leur peau, aiment leur travail, s'estiment davantage, ont une plus grande confiance en eux-mêmes et se sentent plus responsables et autonomes.

Avec la direction participative dans les écoles, les élèves améliorent leurs habitudes concernant l'étude, leurs habiletés sociales et leur raisonnement moral ; ils établissent des relations plus amicales avec les enfants de races et de milieux différents et sont moins turbulents. Les effets de la formation *Enseignants efficaces* ont été évalués.

Les enseignants modifient leur attitude et leur comportement. Ils ont une attitude plus démocratique, démontrent un plus grand souci des besoins et des sentiments des élèves et acceptent davantage les jeunes. (Emmer et Aussiker, 1987)

La compilation de 68 recherches sur les effets de la formation *Parents efficaces* démontre que les parents améliorent leurs attitudes et leurs comportements : ils deviennent plus acceptants, plus confiants et plus compréhensifs. Leurs enfants ont une meilleure estime de soi et leurs enseignants voient leur comportement plus positif en classe. De plus, les problèmes psychosomatiques – asthme, arthrite, colite ulcéreuse, ulcère d'estomac et eczéma – des enfants diminuent. (Levant, 1985)

- Les parents qui discutent avec leurs enfants plutôt que de leur imposer une discipline unilatérale et prennent les décisions avec eux ont des enfants qui possèdent une plus grande estime de soi. (Coopersmith, 1967)
- Ni la domination autoritaire ni la permissivité illimitée ne constituent la clé du développement d'une grande estime de soi chez les enfants. L'estime de soi se développe quand les parents n'imposent pas de restrictions, mais laissent une certaine marge de choix et de contrôle entre les mains des enfants. (Maccoby et Martin, 1983)
- L'attitude démocratique est propice au développement intellectuel. Avec les années, le quotient intellectuel des enfants de parents autocratiques a légèrement régressé, tandis que celui des enfants de parents permissifs est demeuré à peu près inchangé. En revanche, les enfants de parents démocratiques voient leur intelligence augmentée avec les années. Les parents démocratiques

élèvent leurs enfants dans une atmosphère fondée sur la liberté, l'affection et la stimulation intellectuelle. Leurs enfants obtiennent des notes plus élevées à l'école sur le plan de l'originalité, de la capacité d'organisation, de la patience, de la curiosité et de l'imagination. Ils occupent davantage de postes de chefs d'équipe à l'école et obtiennent des résultats plus élevés en maturité affective.

- Lorsque l'enfant issu d'un foyer démocratique atteint l'âge scolaire, il a fait des progrès sociaux marqués. Il est populaire et c'est un chef convivial ; il est amical et facile à vivre ; il est confiant, serein et calme sur le plan émotif ; ayant tissé des liens étroits avec ses parents, il s'adapte facilement à ses professeurs. (Baldwin, Kalhorn et Breese, 1945)

Les enfants des familles démocratiques sont plus fonctionnels et plus « sains » sous plusieurs aspects. Ils sont :

- moins agressifs ;
- moins portés à commettre des actes de vandalisme ;
- moins violents à l'égard des autres enfants ;
- plus confiants en eux-mêmes ;
- moins suicidaires ;
- en meilleures relations avec leurs camarades ;
- plus sociables ;
- plus capables d'autocontrôle ;
- moins coupables ;
- moins querelleurs ;
- moins timides ;
- moins dépressifs ;
- plus heureux en amour à l'âge adulte ;
- moins inquiets et moins angoissés.

Les familles démocratiques offrent un milieu qui produit des jeunes sains, créateurs et en pleine possession de leurs moyens. Mais comment ces familles font-elles ? Plusieurs recherches nous donnent des indices.

Moins de privations et d'humiliations

La caractéristique la plus courante de la famille démocratique est l'absence de punition, physique ou autre. Bien traité, chaque être humain se montre aimable, aidant, honnête, démocratique, affectueux et chaleureux. (Maslow, 1974)

Ces parents respectent les droits égaux de tous les membres de la famille de satisfaire leurs besoins. Leurs enfants ne recourent pas à des mécanismes d'adaptation autodestructeurs, ni à des comportements extrêmes (colère, révolte, délinquance, alcoolisme, fuite dans les drogues, boulimie, agressivité, timidité) pour la simple raison qu'ils n'ont personne dans leur famille contre qui se battre, à fuir ni à qui se soumettre. Je ne dis pas que leur vie sera un jardin de roses, qu'ils n'auront jamais de problème ni de déception. Mais, je suis convaincu que les enfants élevés dans une atmosphère chaleureuse acceptante et égalitaire possèdent les ressources nécessaires pour affronter de manière constructive les problèmes, les conflits et les déceptions qui surgissent habituellement en dehors de la famille.

Moins de stress, moins de maladies

Ne connaissant pas le stress de la douleur et de l'humiliation suscitées par les châtiments physiques, de la peur et de l'anxiété résultant de la possibilité d'être puni, de la tension liée aux tentatives d'échapper aux punitions, de la colère et du ressentiment déclenchés par la soumission à un plus puissant que soi et des sentiments confus d'amour et de haine envers leurs parents, les enfants élevés dans les familles démocratiques sont plus équilibrés et plus sérieux.

Dans un climat fondé sur la coopération, le partage des tâches, la résolution équitable des conflits, la satisfaction mutuelle des besoins et la considération pour les autres, les enfants des parents « efficaces » sont moins sujets au stress et ont une meilleure santé. Dans mon livre *Parents efficaces*, je raconte l'histoire d'un enfant asthmatique qui n'a plus de crise après une séance d'écoute active avec sa mère au cours de laquelle il a fini par avouer qu'il craignait de mourir dans son sommeil s'il fermait la bouche quand son nez était bouché. (Gordon, 1977)

Une plus grande capacité de régler ses problèmes

La vie est souvent difficile et compliquée, et tous les enfants éprouvent parfois des difficultés à satisfaire certains besoins essentiels. Pour surmonter ces difficultés, ils doivent apprendre à régler leurs problèmes de manière efficace. L'approche de *Parents efficaces* et *Enseignants efficaces* invite les enfants à participer activement à la résolution des problèmes. Dans un milieu démocratique, les enfants apprennent à employer la méthode de résolution de problème pour édifier des règles familiales et scolaires, élaborer des projets et résoudre toutes sortes de conflits. Quand les enfants participent à part entière aux processus de décision, ils acquièrent une compétence qu'ils mettront à profit dans tous les domaines, durant toute leur vie. En outre, ils y gagneront en confiance, en estime de soi et en autonomie, et ils auront le sentiment d'avoir leur vie bien en main.

Une libération face à la peur

La discipline répressive maintient les enfants dans la peur de leurs parents ou de leurs enseignants. Les chiens battus deviennent peureux, nerveux, de même que certains enfants élevés dans un milieu autoritaire. Mais les enfants de familles et de classes démocratiques n'ont pas peur d'être punis ou privés, de perdre ou d'échouer.

Un plus grand sens des responsabilités et un sentiment accru de maîtriser son destin

Le sentiment de ne pas être responsable de sa vie, de son destin, peut nuire à la santé mentale et causer dépression, angoisse et stress. Les enseignants et les parents qui accordent aux enfants une grande liberté et leur confient des responsabilités leur font sentir qu'ils peuvent être responsables de leur destinée.

Moins de comportements autodestructeurs

Les jeunes gens adoptent parfois des comportements autodestructeurs et téméraires. Lorsqu'ils se sentent démunis ou affrontent de grandes souffrances ou de grandes injustices, ils peuvent réagir en recourant à une variété de comportements dangereux : cigarette, drogue, conduite imprudente, conduite sous l'influence de la drogue ou de l'alcool, relations sexuelles précoces. Dans les familles et les écoles où on respecte les besoins fondamentaux des jeunes, où on règle les conflits sans faire de perdant, les enfants ont beaucoup moins de raisons de s'engager dans des comportements aussi destructeurs pour leur santé physique et psychologique.

De meilleures aptitudes sociales

Les enfants de *Parents efficaces* finissent par employer les mêmes procédés qu'ils apprennent en imitant leurs parents. Comme leurs parents les écoutent, ils apprennent à écouter à leur tour. Comme leurs parents émettent des messages « je », ils s'expriment d'une manière ouverte, franche et sans blâme. Et comme ils ont résolu plusieurs conflits par la méthode sans perdant, ils font de même avec les autres.

Nos parents participants ont constaté maintes fois les effets bénéfiques de notre méthode sur leurs enfants. Ces derniers ont de nombreux amis proches qui leur soumettent leurs problèmes et avec qui ils règlent amicalement leurs conflits. Les jeunes les adorent, les respectent et cherchent à les imiter. Les adultes sont attirés par leur caractère aimable et sociable : ils n'exploitent pas les autre ; ils assument leur part du travail ; ils occupent des postes de chef d'équipe à l'école et dans les groupes sociaux.

Grâce à ces expériences positives, les enfants issus de familles démocratiques nouent des amitiés durables, connaissent rarement la solitude et le rejet, développent leur confiance en eux et leur estime de soi, et se sentent aimés et appréciés par les autres. Bref, grâce à une vie familiale saine, ils ont acquis des compétences qui leur permettent de nouer un grand nombre de relations humaines et de parvenir à nombreuses réussites à l'extérieur de la famille.

On reconnaît qu'en général les citoyens des pays démocratiques sont plus satisfaits, plus libres et plus autonomes que les citoyens vivants sous un régime autoritaire.

En démocratisant nos familles et nos écoles, on améliore la santé mentale de nos enfants sans attendre que les jeunes aient commencé à souffrir de troubles psychologiques. Par exemple, dans le cas des drogues et de l'alcool, un gramme de prévention vaut un kilo de guérison. (Kessler et Albee, 1977)

Les sociétés qui encouragent les démonstrations d'affection et tolèrent les rapports sexuels avant le mariage sont moins sujettes à la violence. J'entrevois des changements importants quand on applique cette approche dans notre société.

1. Les enfants bénéficieront d'une meilleure santé physique et affective.
2. Les comportements destructeurs et téméraires des adolescents, et nocifs pour notre société diminueront : délinquance juvénile, alcoolisme, toxicomanie, conduite imprudente, vandalisme, absence non autorisée, suicide, viol, violence organisée, grossesse précoce, homicide.
3. Le nombre de jeunes rejetés par leurs parents ou quittant la résidence paternelle de leur plein gré pour devenir des « clochards » adolescents diminuera.
4. Tous les élèves, selon leur potentiel intellectuel, auront la chance d'apprendre à leur propre rythme et ne connaîtront plus l'expérience pénible et honteuse de l'échec, l'abandon des études ou l'analphabétisme.
5. Les relations entre enseignants et étudiants deviendront plus amicales et plus productives. Les enfants aimeront leurs profs et seront heureux d'aller à l'école.
6. La violence familiale diminuera radicalement : violence des parents envers les enfants, des enfants entre eux, des conjoints entre eux ou des enfants envers les parents.

7. La plupart des enfants seront intéressés à apprendre ; ils s'épanouiront et s'estimeront de plus en plus.
8. L'adolescence ne sera plus une période orageuse et tendue, tant pour les parents que pour les jeunes.
9. Dans les écoles, on évaluera les progrès des élèves d'après leurs capacités dans la maîtrise des aptitudes et des compétences.
10. Les jeunes gens respecteront les besoins des autres parce que les adultes respecteront les leurs.
11. Les diplômés de nos écoles, collèges et écoles professionnelles maîtriseront les procédés nécessaires pour travailler en équipe, appliquer la gestion participative, résoudre les conflits à l'amiable et établir des relations démocratiques.
12. Il y aura moins d'injustices, moins de meurtres insensés et incompréhensibles et moins de guerres.
13. Moins de gens se sentiront impuissants et désespérés ou attribueront leurs malheurs à des facteurs extérieurs à eux-mêmes.
14. Moins de gens se soumettront servilement à une autorité arbitraire.
15. Plus de jeunes deviendront des adultes doués de normes éthiques élevées.

Nous verrons graduellement émerger de nouvelles générations de jeunes plus sains, plus heureux, plus spontanés, plus confiants, plus autonomes, plus prévenants et autodisciplinés.

Je connais déjà un nombre considérable de jeunes de cette nouvelle espèce, fils et filles de parents qui ont appris les procédés de *Parents efficaces* ou élèves d'enseignants qui ont participé à la formation *Enseignants efficaces*. Croyez-moi, ces jeunes sont formidables !

Bibliographie

ASPY D. et ROEBUCK F., *On n'apprend pas d'un prof qu'on n'aime pas*, Actualisation, 1990.

DREIKURS & SOLTZ, *Le Défi de l'enfant*, Laffont, 1972.

DREIKURS & SOLTZ, *Ces enfants de fureur*, Gaëtan Morin, 1990.

FRENCH Marilyn, *La Fascination du pouvoir*, Acropole, 1987.

GLASSER W., *Choisir d'apprendre. La psychologie du choix en classe*, Logiques, 1998.

GORDON Thomas, *Enseignants efficaces*, Le Jour, Actualisation, 1980.

GORDON Thomas, *Leaders efficaces*, Le Jour, Actualisation, 1996.

GORDON Thomas, *Parents efficaces*, Le Jour, Actualisation, 1977.

GORDON Thomas et SANDS J., *Parents efficaces au quotidien*, Marabout, 1998.

HOLT John, *Parents et maîtres face à l'échec scolaire*, Casterman, 1968.

KRUMBOLTZ & KRUMBOLTZ, *Comment intervenir auprès des enfants*, Saint-Yves, 1975.

MAILLOUX Pierre et BEAULIEU Jacques, *Pour l'amour des enfants : non aux châtiments corporels*, Trait d'union, 2002.

MASLOW Abraham, *Vers une psychologie de l'être*, Fayart, 1974.

MILGRAM Stanley, *Soumission à l'autorité*, Calmann-Lévy, 1979.

MILLER Alice, *C'est pour ton bien*, Aubier, 1984.

MILLER Alice, *L'Enfant sous terreur*, Aubier, 1986.
MORY Institut, par Associated Press, *Survey on Child Rearing Practices*, mai 2002.
PARENT Rollande, « Plus d'un parent sur vingt a fait usage de la violence envers ses enfants », *Journal de Montréal*, 11 février 2002, p. 2.
ROGERS Carl. R., *Liberté pour apprendre*, Dunod, 1971.
ROGERS Carl. R., *Psychothérapie et relations humaines*, Institut de recherches psychologiques, 1966.
ROSEMOND Benjamin, *L'Autorité des parents dans la famille*, Les Éditions de l'Homme, 1982.
SAGAN C., *Cosmos*, Marabout, 1981.
SPOCK Benjamin, *Comment soigner et éduquer son enfant*, Verviers, 1972.

TABLE DES MATIÈRES

PRÉFACE 7

LA DISCIPLINE : UNE IDÉE CONTROVERSÉE 9

PREMIÈRE PARTIE
COMPRENDRE LA DISCIPLINE

CHAPITRE PREMIER
DIFFÉRENTS TYPES DE DISCIPLINE ET D'AUTORITÉ 21

Le nom « discipline » et le verbe « discipliner » 21

Enseigner ou contrôler 22

Influencer ou dominer 23

Autodiscipline ou discipline imposée 24

Une mésentente à propos des limites 25

Dois-je être sévère ou indulgent ? 26

Les multiples sens du mot « autorité » 28
1. L'autorité fondée sur l'expérience. 29
2. L'autorité fondée sur la position. 29
3. L'autorité fondée sur des ententes informelles. 30
4. L'autorité fondée sur le pouvoir. 31

Le mythe de l'« autorité bienveillante » 34

Chapitre deux
La méthode traditionnelle :
récompenses et punitions 37

Où les contrôleurs prennent-ils leur pouvoir ? 38

Comment les récompenses
sont-elles censées fonctionner 40

Comment les punitions
sont-elles censées fonctionner 42

Les conditions de fonctionnement des récompenses
et des punitions 43

Contrôle externe ou contrôle interne 45

Chapitre trois
Pourquoi les récompenses sont inefficaces 49

Contrôler par les récompenses : l'aspect technique 50

Les récompenses : difficultés rencontrées
par les parents et les enseignants 52

Quand les récompenses n'ont plus de valeur 53

Quand un comportement inacceptable
est récompensé 53

Quand les enfants peuvent obtenir
leurs propres récompenses 53

Quand les récompenses semblent inaccessibles 54

Quand un comportement acceptable
n'est pas récompensé 54

Quand les enfants travaillent
dans le seul but d'obtenir une récompense 55

Quand l'absence de récompense apparaît comme une punition 58

Une analyse plus approfondie du compliment 59

Qu'est-ce qu'un compliment ? 61

Le motif caché de la plupart des compliments 62

Le compliment peut véhiculer une critique 64

Quand le compliment ne correspond pas au jugement de l'enfant 67

Les compliments intensifient la rivalité entre frères et sœurs 69

Le compliment freine la capacité de prendre des décisions 70

Des solutions de rechange efficaces 70

Le message « je » 71

L'écoute active 74

Chapitre quatre
Pourquoi les punitions sont inefficaces 77

Pour qu'une punition fonctionne, il faut posséder une certaine connaissance technique 78

« La punition est acceptable en autant qu'elle soit légère », dit-on ! 82

Les risques inhérents aux punitions sévères 84

Quand le chat est parti… 87

La punition, source d'agressivité et de violence 88

Les adultes finissent toujours par manquer de punitions 91

Le pouvoir se paie 93

Chapitre cinq
La véritable réaction des enfants face au contrôle 97

Les mécanismes d'adaptation employés par les enfants 100

Violence vengeresse à l'égard des contrôleurs 104

Quand les jeunes « divorcent » de leurs parents 105

Semer les graines de la criminalité 106

L'échec des tribunaux pour enfants 108

Attention : la discipline peut nuire à la santé et au bien-être des enfants 109

Se défoncer et décrocher de la réalité 111

La perte d'influence du contrôleur 113

Voulons-nous des jeunes obéissants ? 114

Seconde partie
Des options pour développer l'autodiscipline chez les enfants

Chapitre six
Des méthodes pour amener les enfants à modifier leur comportement sans les contrôler 121

Les enfants ne se conduisent pas vraiment mal 125

À qui appartient le problème ? 127

La fenêtre d'acceptation 128

Option n° 1
Découvrir le besoin de l'enfant 129
Option n° 2
Faire un échange 131
Option n° 3
Modifier l'environnement 131
Option n° 4
Émettre un message « je » de confrontation 133
Option n° 5
Émettre un message « je » de prévention 141
Option n° 6
Écouter l'enfant pour désamorcer sa réaction émotive 144
Option n° 7
Résoudre le conflit par une solution gagnant-gagnant 147
Option n° 8
En colère, identifier le « sentiment premier » 148

Comment les messages « je » changent l'émetteur 153

CHAPITRE SEPT
DE NOUVELLES FAÇONS
DE GOUVERNER LES FAMILLES ET LES CLASSES 159

La gestion participative 159

Les groupes ont besoin de règlements 165

La résolution d'un problème en six étapes 167
Première étape
Identifier le problème 168
Deuxième étape
Énumérer des solutions possibles 168
Troisième étape
Évaluer les solutions 168
Quatrième étape
Choisir une solution 169

Cinquième étape
Appliquer la solution 169

Sixième étape
Évaluer les résultats 169

La résolution de conflit sans perdant 173

Première étape
Définir le conflit et identifier le problème 178

Deuxième étape
Énumérer des solutions 178

Troisième étape
Évaluer les solutions 178

Quatrième étape
Choisir une solution 179

Cinquième étape
Appliquer la solution 179

Sixième étape
Évaluer les résultats 179

Traiter les collisions de valeurs 180

CHAPITRE HUIT
AIDER LES ENFANTS
À RÉSOUDRE EUX-MÊMES LEURS PROBLÈMES 187

Aider les enfants à employer
le procédé de résolution de problème 189

De la première à la deuxième étape 190

De la deuxième à la troisième étape 191

De la troisième à la quatrième étape 191

De la quatrième à la cinquième étape 191

De la cinquième à la sixième étape 191

Le langage de la non-acceptation
et ses risques 195

L'acceptation : l'attitude aidante fondamentale 199

Comment montrer son acceptation.................................... 199

La non-intervention... 199

L'écoute.. 200

L'écoute active 202

CHAPITRE NEUF
L'ÉCOUTE ACTIVE :
LE PROCÉDÉ DE RELATIONS HUMAINES TOUT USAGE......... 209

Agir comme médiateur
dans les conflits entre enfants 209

Animer les discussions de groupe...................................... 212

Des relations plus chaleureuses
entre enseignants et élèves.. 219

Recherches sur les effets de l'écoute 221

Autres bienfaits des procédés d'aide 223

CHAPITRE DIX
LES NEUF MYTHES
QUI NOUS EMPÊCHENT DE CHANGER 225

Mythe n° 1
La crainte de « gâter » les enfants.................................. 225

Mythe n° 2
Les enfants sont méchants... 226

Mythe n° 3
Les conflits entre adultes et enfants sont insolubles................ 226

Mythe n° 4
La discipline punitive s'appuie sur la Bible........................ 227

Mythe n° 5
La permissivité est la cause de tous les maux 227

Mythe n° 6
Une attitude démocratique ne mène nulle part 230
Mythe n° 7
Être parent ou enseignant ne s'apprend pas dans une formation 231
Mythe n° 8
Nous avons été élevés comme ça et nous réussissons bien ! 233
Mythe n° 9
À l'école, on a besoin d'une discipline rigoureuse 234

CHAPITRE ONZE
LES RELATIONS DÉMOCRATIQUES SONT SOURCES DE SANTÉ ET DE BIEN-ÊTRE 235

Moins de privations et d'humiliations 238

Moins de stress, moins de maladies 238

Une plus grande capacité de régler ses problèmes 239

Une libération face à la peur 240

Un plus grand sens des responsabilités et un sentiment accru de maîtriser son destin 240

Moins de comportements autodestructeurs 240

De meilleures aptitudes sociales 241

BIBLIOGRAPHIE 245

Vous souhaitez mettre en pratique la méthode Gordon et participer à l'un de nos ateliers ou organiser une formation, contactez-nous :

France
L'Association Les Ateliers Gordon propose des ateliers pour les Parents, Enseignants, Jeunes, Professionnels de l'Enfance
55, rue Lauriston
75116 Paris
Tel : 09 65 19 43 26
Email : contact@lesateliersgordon.org
Site : www.lesateliersgordon.org
Facebook : Les Ateliers Gordon France
LinkedIn : Les Ateliers Gordon France

Gordon Crossings propose des formations Communication Efficace GORDON© en entreprise :
55, rue Lauriston
75116 Paris
Tél. : 01 45 53 60 55
Email : contact@gordoncrossings.com
Site : www.gordon-crossings.com

Île Maurice
Françoise Labelle,
Gordon Training (Mauritius)
9 Boodhun Lane, Rue Sir Virgile Naz
Rose Hill
Mauritius
Tel : +230 4648965
Email : francoiselabelle2212@gmail.com
frabel@intnet.mu
Facebook : Gordon Training Mauritius
Programme proposé : Parents Efficaces

Madagascar
Centre d'Education Permanente des Adultes (C.E.P.A)
Lot IVT, 15 Tsaramasay
Antananarivo, 101
Madagascar
Tél : 24 250 44
Email : cepamic2016@gmail.com
Facebook : CEPA Tsaramasay
Programmes proposés : Parents, Enseignants, Jeunes et Leaders Efficaces

Achevé d'imprimer par Liberdúplex en Espagne en novembre 2021
Pour le compte des Éditions Marabout (Hachette Livre)
58, rue Jean Bleuzen, 92178 Vanves Cedex
Dépôt légal: août 2019
ISBN: 978-2-501-14130-7
6401227/02